A Serge et Nathalie,

On ne dirige pas une boîte
avec des camemberts !

Manifeste pour l'entreprise du futur

Avec l'idée que vous y retrouverez
des thèmes qui vous sont chers !

Amitiés

Julien

Clément Berardi
Julien Eymeri
Francis Rousseau

Préface Patricia Barbizet

On ne dirige pas une boîte avec des camemberts !

Manifeste pour l'entreprise du futur

Flammarion

Identité graphique : no-do / Noémie Gygax

ISBN : 978-2-0815-0701-2

sommaire

Partie 3
Sept pistes pour l'entreprise dans un avenir incertain

préface

Patricia Barbizet

Francis Rousseau, que j'ai rencontré il y a près de quarante ans, est un homme qui a toujours développé une pensée originale et un goût prononcé pour la liberté.

C'est dans cet esprit qu'il a créé il y a quelques années, avec Clément Berardi et Julien Eymeri, Quartier Libre, aventure entrepreneuriale de conseil.

Nourri de leur triple expérience, ce livre est une réflexion sur l'avenir de l'entreprise, réflexion marquée par l'exigence d'une pensée aussi libre et ouverte que possible. Pour cela, les auteurs n'hésitent pas à provoquer afin d'ouvrir le débat.

Même si je ne souscris pas à toutes les réflexions et toutes les propositions de cet ouvrage, j'ai été très sensible à l'étendue de son champ de réflexion et au parti pris par les auteurs de propositions parfois iconoclastes. Ces prises de position ne laisseront pas le lecteur indifférent. Les exigences exprimées aujourd'hui par la société vis-à-vis des entreprises rendent essentiel le débat sur ce qu'il est possible d'en attendre. Ce livre est un outil pour que chacun puisse prendre sa part. Le monde économique a besoin de renouveler sa pensée.

Personne ne peut faire la sourde oreille alors qu'il est nécessaire d'inventer un nouveau modèle d'entreprise.

Les dirigeants ont contribué avec le consommateur, le citoyen, le législateur, à bâtir le monde tel qu'il est. Ils ont leur part de responsabilité dans la résolution de ses dérèglements. Le monde change et les entreprises aussi ; elles doivent repenser leurs relations aux territoires et aux partenaires qui contribuent à leur réussite, à commencer par leurs collaborateurs. Leur horizon ne peut se limiter à leur profitabilité, et leur croissance être illimitée.

Ce livre se veut une proposition, une « mise de jeu ». À chacun de se faire son opinion et d'agir en conséquence. Cet ouvrage nous rappelle nos responsabilités : bâtir pour les générations futures un modèle d'entreprise qui assure l'épanouissement de chacun et le développement durable de la planète.

À ce titre il mérite toute notre attention.

Bonne lecture.

introduction

2008-2020. Douze ans ont passé depuis la faillite de Lehman Brothers, déclencheur de la crise financière mondiale. On aurait pu raisonnablement croire à un retournement de la logique économique du « croîs ou crève [1] ». Un « plus jamais ça ». Au contraire, la dynamique portée par le rêve prométhéen de la croissance sans limite s'est emballée. On le sait tous : la planète brûle ; les migrations économiques, politiques et climatiques s'accélèrent ; la désindustrialisation et les délocalisations caractérisent l'ère postindustrielle occidentale ; la société de services mise davantage sur les algorithmes que sur les humains. En réaction, les citoyens se tournent vers les populismes en Europe et aux Amériques. Bref, le monde connaît des ruptures.

Bien sûr, il est d'usage aujourd'hui de dénoncer ce qu'est devenu notre monde. Citoyens engagés, économistes avertis, patrons repentis, révolutionnaires ragaillardis, réactionnaires en tout genre, les pourfendeurs de notre système sont partout à la tribune. Faut-il se joindre à la troupe des accusateurs ? À cette troupe, probablement pas, mais au nombre des femmes et hommes d'action qui, dans les entreprises, veulent prendre leur part de responsabilité dans la construction d'un avenir réellement commun, sans aucun doute. On ne peut plus nier les dérives inquiétantes de nos sociétés. La première d'entre elles est cette course éperdue vers le « toujours plus ». Soumises à l'emprise du temps, pour ne pas dire à celle

1. Olivier Rey, *Une question de taille*, Paris, Stock, 2014.

de l'urgence, les entreprises ne cessent d'exhorter leurs collaborateurs à plus d'adaptation et d'innovation. La peur d'être « ubérisé » fonctionne comme une injonction à se transformer plus vite que les concurrents et à répondre précipitamment à des désirs que les clients n'ont pas commencé d'éprouver. Cette volonté d'aller plus vite est en fait un espoir dissimulé de sortir du temps, espoir stérile qu'aucun de ces accélérateurs de start-up, qui se créent chaque jour aux quatre coins de la planète, ne saurait satisfaire. La vie dans nos sociétés modernes semble rythmée par un incessant *accelerando* qui fait perdre littéralement le sens du tempo et empêche de voir que la financiarisation de l'économie est devenue outrancière, que l'appauvrissement des ressources vitales de l'humanité est de plus en plus alarmant et que, chaque jour, partout dans le monde, s'accroissent les inégalités.

Alors qu'est-ce qu'être responsable dans ces temps qui vacillent, dans ce monde de plus en plus ballotté entre la folle espérance du révolutionnaire et le charme apparent du réactionnaire ? L'heure n'est certainement pas aux benchmarks ni aux *best practices* car le monde qui est devant nous reste en grande partie inconnu. Les responsables économiques doivent d'abord affirmer tout haut ce que nombre d'entre eux pensent déjà tout bas : « Cela ne va pas durer. » Il faut rompre la longue litanie des plans stratégiques de plus en plus vides de sens, dont le message à peine subliminal se résume bien souvent à un « jusqu'ici tout va bien » ou à un « ça ira mieux demain ». Car en réalité, jusqu'ici, cela va de plus en plus mal. Les peuples s'en remettent à ceux qui se nourrissent de la peur et du repli sur soi, qui cherchent chez l'autre les causes de leurs propres difficultés, de leurs propres inconséquences, qui dénient même la réalité pour pouvoir vivre sans entraves. Cela risque fort de mal se finir. Il ne faut pas se tromper de combat car s'attaquer aux populistes sans opérer sa propre introspection est vain, pour ne pas dire dangereux. Ces femmes et ces hommes du passé ont simplement occupé une place vacante, la place de celles et ceux qui doivent réaffirmer qu'aucune destinée humaine ne saurait être sacrifiée sur l'autel de l'enrichissement de quelques-uns, que l'expansion et le progrès sont encore possibles dans une nature préservée et que l'homme restera maître de la machine. Face aux simplifications voire aux mensonges des populistes, chacun d'entre nous est coupable de laisser à ces identitaires nationalistes et autres utopistes révolutionnaires le monopole de la remise en cause du système. Coupable de laisser croire que la libre circulation des capitaux et un taux de rentabilité attendu de 15 % n'étaient que des opportunités sans menace, que la sacro-sainte responsabilité sociale et environnementale (RSE) dédouanerait l'entreprise de détruire la nature chaque jour un peu plus et que la digitalisation du monde serait le nouvel eldorado dont les bénéfices finiraient par « ruisseler » sur l'ensemble de la société. Dans ce déni de responsabilité, le bébé risque fort de partir avec l'eau du bain : l'identité européenne, la valeur de la vérité, le respect de la liberté, l'importance de la générosité, la réelle capacité d'innover. L'heure a sonné d'assumer ses responsabilités, de prendre le risque de s'engager réellement vers une nouvelle façon de penser l'entreprise, son utilité, sa culture, sa façon d'agir. Il est temps d'affirmer que chacun à son niveau de responsabilité est une partie de la solution, en refusant à la fois le « après moi le déluge » et le « tous pourris ».

Certains diront que le monde bouge déjà, que les start-up vont détrôner les mammouths, que l'intelligence artificielle (IA) va nous libérer et rendre la vie plus sûre, que l'économie sera dorénavant celle du partage et de la collaboration, que l'avenir du travail, incarné par les espaces de coworking, sera radieux. Mais tout cela est déjà là : certaines start-up détrônent déjà les mammouths et tant pis si l'écrasante majorité disparaît quand les investisseurs finissent par ne plus croire à leurs histoires. L'économie collaborative a ses champions - vénérés ou décriés - comme Airbnb et WeWork, ce dernier ne promettant pas moins que la réinvention du travail. Ces alternatives aux entreprises à structures pyramidales et logiques propriétaires séduisent. Tout irait un peu mieux dans notre monde... Pourtant, ne soyons pas dupes. Oscar Wilde a toujours raison : « On connaît le prix de tout mais la valeur de rien. » Si la quête de sens devient monnaie courante, elle rime souvent avec espèces sonnantes et trébuchantes. Les grandes entreprises l'ont bien compris, qui cultivent leur attractivité en proposant rien de moins que du bonheur à leurs collaborateurs. Et les start-up, plus motivées par le partage de la valeur que par la valeur du partage, fleurissent sur le terreau du collaboratif. Autant de faux-nez du capitalisme effréné.

Si tout semble changer, rien ne change vraiment et chaque jour les jeunes générations contestent le modèle qui leur est proposé. Certains, les plus délaissés, trouvent dans les extrêmes un remède à leur désespoir. D'autres, encore protégés, créent et entreprennent hors des sentiers battus. Ne serait-il pas temps de les écouter un peu plus avant qu'il ne soit trop tard ?

Oui, il est temps, non pas d'accélérer à tout-va, mais bien de décélérer enfin. De prendre le temps de réfléchir pour mieux agir. De prendre la mesure de cette démesure. De prendre des décisions éclairées. À cette heure, devant cette peinture du monde, « nous sommes comme l'animal sauvage fasciné par les phares d'une voiture en pleine nuit, mais qui décide de rester au milieu de la route. Nous ne savons pas quoi faire de ce qui se déroule sous nos yeux[1] ». Dire que la crise est devenue perpétuelle n'est pas exagéré. Les moyens traditionnels pour y faire face sont éculés. Que les esprits chagrins se rassurent : la croissance à tout prix, la finance hypertrophiée et l'injonction au bonheur ne feront bientôt plus recette.

Nous ne cherchons nullement à faire peur. L'état du monde devrait y suffire amplement. Ni économistes, ni sociologues, ni politologues, nous sommes une vigie du monde des entreprises. Nous sommes intervenus depuis plusieurs décennies dans des centaines d'entreprises comme conseillers. Nous avons parfois été en désaccord avec les stratégies retenues par nos clients. Nous-mêmes avons douté, nous sommes parfois trompés et avons fait évoluer notre regard sur le monde. Nous avons exercé notre devoir d'alerte auprès de ces dirigeants sur la dérive du monde bancaire, la perte de sens du secteur du luxe,

1. Paul Jorion, *Se débarrasser du capitalisme est une question de survie*, Paris, Fayard, 2017.

la nécessité de repenser la ville en tenant compte des aspirations des citoyens quant à leurs modes de vie et de travail, l'essoufflement du système de santé, les limites d'une mobilité faisant le pari du « toujours plus vite ». C'est parce que nous connaissons ces réalités opérationnelles, parce que nous sommes convaincus que l'écriture du monde ne suit pas un tracé linéaire, que nous avons décidé de prendre la plume. Cet ouvrage est le fruit de notre volonté de changer la nature des débats au sein des entreprises. Nous avions produit il y a quelques années un dictionnaire[1] qui appelait à une remise en cause de la novlangue de l'entreprise. Changer les mots, c'est déjà un peu changer le monde. Par cet écrit, nous voulions aussi modifier la nature des discussions qui se déroulent dans les salons feutrés des conseils d'administration et des comités de direction. Tel est l'objet des pistes de réflexion que nous reprenons dans la troisième partie de cet ouvrage. Vous, les femmes et les hommes qui souhaitez embarquer au quotidien vos collaborateurs, n'y cherchez pas de réponses toutes faites ; vous détenez une part de la solution. Il ne dépend que de vous d'être en harmonie avec vous-mêmes, d'agir selon votre éthique de responsabilité, au nom de votre éthique de conviction. Dans l'entreprise du futur, les prévisions seront moins utiles que la vision ; les convictions, plus précieuses que les benchmarks ; le facteur humain, plus pertinent que tous les ratios financiers.

Le tableau vous paraît sombre. Et pourtant ! Une formidable opportunité s'offre aux si nombreuses entreprises

1. *Word Business Review : petit lexique illustré du monde des affaires*, édité par Quartier Libre en 2015 et téléchargeable avec le lien : www.choisirquartierlibre.com/wp-content/uploads/2015/07/QL-WordBusinessReview-Web.pdf

en panne de vision. Selon nous, l'alternative ne se situe pas entre croissance sans limite et décroissance, entre *start-up nation* et monde des multinationales ; entre *burn-out* généralisé et tyrannie du bonheur. Nous croyons que le monde de demain sera durablement confronté à une croissance faible et que seules se développeront les entreprises qui auront su composer avec la finitude du monde, aligner valeurs prônées et engagements en actes, réconcilier changement et permanence, articuler pensée lente et action rapide, alterner les tempos, faire rimer sens et utilité, maîtriser l'art du temps.

Nous croyons que l'entreprise peut redevenir une aventure, un projet d'avenir au service d'une vision porteuse de développement et d'invention, non limitée à la simple recherche de profit ; qu'une stratégie ne peut se résumer à la recherche effrénée de gains de productivité et à la poursuite illimitée de la digitalisation du monde ; que les solutions du passé ne seront d'aucun secours ; que les pratiques d'organisation et de management doivent être reconsidérées pour inventer des manières nouvelles de produire, de travailler, de vendre et de consommer qui fassent toute leur place aux relations humaines, à un rapport plus harmonieux à la nature et au temps. Les solutions existent, il faut juste prendre le temps de les explorer, de mieux les comprendre pour enfin se mettre au service de ces nouveaux modes de vie. Ce n'est que de cette façon que l'entreprise retrouvera un sens et une valeur aux yeux de tous. Il en va de sa pérennité.

Chacun peut agir pour faire advenir ce nouveau type d'entreprise. Notre conviction profonde est que c'est aux dirigeants, aux patrons, aux responsables en somme, de montrer l'exemple et de s'engager les premiers pour influencer le cours de l'histoire, y laisser leur empreinte, pour ne pas dire leur marque. Cet ouvrage veut ouvrir le débat sur l'art de diriger au XXIe siècle. Il est urgent d'oser le pas de côté, d'abandonner l'empilement de projets tous azimuts, la multitude de mesures quotidiennes et la logique du tout-financier pour saisir enfin le temps de l'humain et les opportunités que pourra receler ce monde nouveau.

partie 1

la fin d'un monde

Cela ne va pas durer, cela ne peut plus durer. Il est temps de l'avouer, de se l'avouer. Demain, le monde ne pourra tourner à la même vitesse qu'aujourd'hui. Le modèle capitaliste libéral, devenu ultralibéral et hyperfinanciarisé, caractérisé par l'accélération continue et l'immédiateté « benchmarkée » comme seule vision, arrive à épuisement. Un autre avenir, commun et durable, est à imaginer. Il est temps de clore le cycle qui s'est ouvert au début des années 1980. Notre critique n'est pas celle de la finance en général mais de cet esprit d'hyperfinanciarisation qui a fait de la rémunération du capital l'alpha et l'oméga de la stratégie et de l'organisation de toute entreprise. Cet esprit qui fait confondre rémunération du risque et captation de la richesse par quelques privilégiés. Cet esprit qui veut que la valeur de toute chose soit décorrélée du temps, du lieu ou des réalités matérielles qui la supportent. Cet esprit qui n'a finalement pour seul horizon que l'accélération via la digitalisation du monde.

Le sociologue et philosophe allemand Hartmut Rosa a magistralement mis en évidence le rapport au temps propre au capitalisme. Dans son ouvrage fondateur consacré au sujet, *Accélération : une critique sociale du temps*[1], il analyse les effets de la globalisation à l'échelle de l'histoire démocratique et formule une nouvelle théorie de la vitesse. Selon lui, « l'accélération est devenue

1. Hartmut Rosa, *Accélération : une critique sociale du temps*, Paris, La Découverte, 2010.

une force totalitaire interne à la société moderne ». Accélération technique, accélération du changement social, accélération sociologique, la vitesse a investi tout notre champ mental. En résulte ce que tous ressentent comme une accélération du monde. En réalité, le temps n'accélère pas. Le rythme s'emballe et dévore tout sur son passage. « Plus que la vitesse, c'est l'accélération qui, depuis les débuts du capitalisme et les rapports de l'activité avec l'argent, est le marqueur de l'hypermodernité, selon l'adage si connu “le temps, c'est de l'argent” », indique Nicole Aubert, professeure émérite à l'ESCP Europe et auteure du *Culte de l'urgence*[1]. Primo, le temps, c'est de l'argent. Secundo, toute entreprise vise à créer une activité rentable, créatrice d'emplois, dans la durée. Deux postulats de l'économie de marché traditionnelle. Jusqu'ici tout va bien. Seulement, le culte de l'accélération a revisité ces fondamentaux. La vitesse est devenue l'outil de mesure de la pertinence d'une stratégie. Combien de fois avons-nous entendu au sein des entreprises certains dirigeants prôner l'action rapide, l'expérimentation immédiate, l'injonction à produire des *quick wins* avec un *ROI*[2] à court terme. Et finalement peu importe le résultat réel obtenu, une action nouvelle en pousse une autre, un nouveau business plan efface le précédent. Le besoin de mouvement se mue en agitation et l'amnésie chronique des entreprises fait le reste.

Hartmut Rosa souligne un paradoxe : l'accélération technique aurait dû nous offrir plus de temps libre ainsi

1. Nicole Aubert, *Le Culte de l'urgence : la société malade du temps*, Paris, Flammarion, 2003.
2. *Quick wins* pour « gains rapides » ; *ROI* ou *return on investment* pour « retour sur investissement ».

que la liberté de ralentir nos rythmes de vie. Au contraire, « c'est comme si le temps était perçu comme une matière première consommable telle que le pétrole, et qu'il deviendrait, par conséquent, de plus en plus rare et cher [1] ». Le système économique occidental - devenu la référence de la mondialisation - repose en fait sur une « stabilisation dynamique [2] ». Il nous faut courir toujours plus vite, non pas pour atteindre un objectif mais simplement pour rester sur place. Nous serions condamnés au mouvement permanent. Puisque « temps » rime avec « argent », accélérons pour gagner plus, toujours plus, et accélérons encore. Ivre de puissance et de vitesse, l'homme a oublié ses limites. Fasciné par le mythe d'une croissance continue, il a pillé le monde fini. Dans son hubris, il s'est pris pour un dieu. Il va se brûler les ailes.

1. Hartmut Rosa, *Accélération*, *op. cit.*
2. *Ibid.*

l'hyperfinanciarisation du monde

la finance, décorrélée du réel

Le tournant financier des années 1980, le tournant politique de 1989 et le tournant numérique des années 1990 ont contribué à l'accélération exponentielle des marchés financiers et de la valorisation des actifs réels ou supposés ; en même temps que les séries télévisées, nous sommes passés de *Zorro* à *Dallas*. Le néocapitalisme répond aux rêves des investisseurs, souvent au détriment des salaires, des emplois et de l'équilibre écologique. La temporalité financière de l'entreprise prime, comme si la valeur était créée ex nihilo. Quid du travail des collaborateurs ? Quid des temporalités sociale et environnementale ? « Dans la plupart des pays de l'OCDE, la dynamique à l'œuvre est bien celle d'une déformation permanente du partage de revenus en faveur des profits et au détriment des salariés », écrivent Patrick Artus et Marie-Paule Virard dans leur ouvrage *Et si les salariés se révoltaient ?*[1].

Nous avons vécu de l'intérieur la déformation du secteur bancaire et l'abandon progressif de la culture mutualiste de certains de ses acteurs. Nous avons bien senti peu à peu que nous ne parlions plus le même langage, que les attraits de l'hyperfinanciarisation et de la déréglementation à tout-va venue d'outre-Atlantique, portés aux nues par les grandes firmes de conseil américaines, étaient plus forts que le « bon sens agricole » qui lie tout projet à une réalité temporelle, géographique et physique. Les marketeurs

1. Patrick Artus et Marie-Paule Virard, *Et si les salariés se révoltaient ?*, Paris, Fayard, 2018.

d'aujourd'hui, fins renifleurs de l'air du temps, ont bien compris l'impact finalement désastreux de ces errements et ils œuvrent sans relâche à reconnecter leur entreprise aux réalités de leurs clients. Nous craignons que cela ne soit pas qu'une histoire d'image qui viserait à nous faire oublier la crise de 2008.

Cette crise financière systémique a démontré que les marchés ont failli. Les actions économiques ont été guidées par un besoin de rentabilité et non par un besoin social. Pour garantir la création de valeur pour l'actionnaire, la rémunération des dirigeants de sociétés cotées s'est souvent retrouvée indexée sur les résultats financiers, se déconnectant du même coup, dans des proportions indécentes, de celle des salariés. « Le rachat d'actions par l'entreprise pour faire monter artificiellement le cours et les fusions et acquisitions pour donner au marché l'illusion de la croissance[1] » se sont avérés des techniques courantes pour booster le cours d'une action, comme l'analyse notamment l'économiste Pierre-Yves Gomez. Bref, on a privilégié une finance décorrélée de l'économie réelle. La chute de Lehman Brothers a illustré les dérives du capitalisme financier.

On aurait pu imaginer que les leçons auraient été tirées de l'effet délétère de la dérégulation héritée des années 1980-1990 ; que la séparation entre les deux types d'activités des banques – activités de marché spéculatives et banque commerciale – aurait été assurée afin d'éviter la prise en otage des déposants et contribuables. On vivait d'ailleurs très bien

1. Pierre-Yves Gomez, « Partage des profits : "Sortir du carcan de la financiarisation n'est pas simple" », *Le Monde*, 26 mai 2018.

ainsi jusqu'à l'abrogation du Glass-Steagall Act [1] en 1999 aux États-Unis. Mais non : quelques mois après ce qu'il est convenu d'appeler la « crise de 2008 », le monde de la finance a repris sa spéculation effrénée. L'esprit d'avidité a pris le dessus sur les leçons de l'histoire : rien compris, rien appris, ou peut-être pire, rien voulu comprendre, rien voulu apprendre. La simple vérité est que si cette séparation avait existé en 2008, que la titrisation avait été mieux réglementée et que les agences de notation n'avaient pas été payées par les « notés », alors la crise de liquidité des banques commerciales n'aurait pas été de même ampleur ; il n'y aurait pas eu de crise mondiale !

Certains ont prédit le chant du cygne du libéralisme à tous crins. Loin de là, la dynamique est repartie de plus belle. Selon le dogme de la libre concurrence, on a déstructuré les marchés financiers, les rendant opaques et fragmentés. Sont même apparues les *dark pools*, bourses privées secrètes où s'échangent, aux États-Unis et en Europe, des dizaines de milliards de dollars chaque jour. En trente ans [2], la capitalisation du CAC 40 a été multipliée par plus de 20, à près de 1 200 milliards d'euros, soit la moitié du PIB français.

La révolution technologique a, en outre, accéléré cette financiarisation de l'économie, comme l'explique l'ancien trader Gilles Vernet [3] : « Pour les entreprises, l'innovation

1. Le Glass-Steagall Act promulgué en 1933 aux États-Unis sous la présidence de Franklin D. Roosevelt a notamment instauré l'incompatibilité entre les métiers de banque de dépôt et de banque d'investissement.
2. L'indice CAC 40 a été créé juste après le krach de 1987.
3. En 2001, confronté à la maladie incurable de sa mère, Gilles Vernet, trader à New York pour de grandes banques internationales, a choisi de ralentir, de changer de vie. Devenu instituteur à Paris, il réalise le documentaire *Tout s'accélère* (2016), dans lequel il analyse la vertigineuse accélération du monde comme la résultante de l'alliance entre la finance et la technologie.

permet d'obtenir des gains de productivité. Or, la technologie a besoin de la finance pour se développer et la finance a besoin de la technologie pour gagner en rentabilité. Au moment de la révolution industrielle, les grandes banques se sont créées pour financer la recherche technologique et les usines. Pendant la bulle Internet, tout le système financier a inondé d'argent les entreprises innovantes du Net et des biotechnologies car ce sont de futurs gains de productivité[1]. » Les robots se sont emparés des salles de marché pour remplacer les traders. La plupart des échanges sur les marchés financiers se font aujourd'hui en *trading* à haute fréquence. Les opérations – ventes, achats d'actions – se traitent maintenant à l'échelle de la nanoseconde. Le nombre d'ordres explose. 90 % des transactions sont pilotées par des algorithmes. Les marchés financiers ont changé d'espace-temps.

Révolution des data, performance chiffrée, ratios, indicateurs mesurables... nous sommes progressivement devenus malades des chiffres. Aujourd'hui, on vend ce que sera une entreprise high-tech dans cinquante ans ; le *price earning ratio* des grandes entreprises ne cesse d'augmenter ; et les journaux économiques saluent à l'unisson la performance d'Apple, première entreprise privée de l'histoire à franchir le cap des 1 000 milliards de dollars en Bourse, rejointe par Amazon un mois après, en septembre 2018. « La capitalisation boursière cumulée de ces deux groupes équivaut quasiment à la richesse produite par la France en 2017[2] », soulignait *Le Monde* lors

1. Gilles Vernet, « Le vrai enjeu est de savoir si la technologie nous rend dépendants à l'immédiateté », *Good Planet Info*, 15 avril 2016.
2. « Amazon rejoint Apple au firmament de la Bourse », *Le Monde*, 4 septembre 2018.

de ces annonces. Plastique, le nouveau capitalisme. Et amnésique. Jusqu'à la prochaine crise. Qui s'annonce.

En effet, pour générer la croissance de demain, on finance les investissements d'aujourd'hui par la dette. Sauf que 2 % de dette ne créent que 1 % de croissance. Il ne reste plus qu'à courir plus vite que la bulle...

les multinationales, nouveau Léviathan

En réponse à une étude publiée en 2018 et intitulée « Les grandes entreprises sont-elles (encore) françaises ? », Pierre-Yves Gomez nous rappelle qu'« en termes de travail, de capital et de chiffre d'affaires, les très grandes sociétés cotées à Paris créent de la valeur dans un espace qui est de moins en moins national. [...] En moyenne, en 2015, seulement un tiers des salariés de ces entreprises travaillent en France ; ils étaient 40 % en 2005. Les ventes réalisées en France représentent le quart de leur chiffre d'affaires, contre 34 % en 2005. Enfin, 56 % de leur capital est détenu par des Français en 2015. Elles restent donc contrôlées par des nationaux, mais l'évolution a été particulièrement rapide puisque les actionnaires français possédaient encore 72 % de leur capital en 2005[1] ». L'économiste s'interroge sur la spécificité « française » de ces entreprises. « La réponse se trouve dans leur gouvernance : 80 sur 85 ont leur siège social en France ; 90 % de leurs dirigeants et 92 % de leurs administrateurs sont français. C'est un réseau sociologique étroit qui noue l'appartenance à une élite locale

1. Pierre-Yves Gomez, « Protéger les entreprises "nationales"... Mais qu'est-ce qu'une entreprise "nationale" ? », *Le Monde*, 13 juillet 2018.

et attache encore les entreprises mondialisées à l'espace culturel et politique national[1]. » Mais pour combien de temps encore ? Que révèlent les agendas, les habitudes de vie, les habitudes de travail des dirigeants, patrons, responsables de grandes entreprises ? Qu'ils vivent de plus en plus dans un « village planétaire ».

Dans son ouvrage *Le Totalitarisme pervers d'une multinationale au pouvoir*[2], le philosophe Alain Deneault analyse le pouvoir des multinationales, qui surpasse bien souvent celui des États. « Nous sommes confrontés à des multinationales qui se présentent comme des pouvoirs capables de financer les universités, de financer des programmes sociaux, de faire du lobbying, de négocier des accords sur le climat[3] », soutient-il. Cet esprit de puissance est le fruit de la rencontre entre la culture américaine du mécénat privé et l'immense richesse de ces entreprises, rejointes depuis peu par les champions du numérique. Ces multinationales font fi du territoire, seul lieu de prérogative de l'État qui se retrouve mis en concurrence avec d'autres États. C'est cette « marchéisation » de la relation entre les États qui rend, par exemple, si difficile la mise en place d'une taxe sur le chiffre d'affaires de ces entreprises géantes. Or, sans capacité de redistribution, l'État n'est rien d'autre qu'une fonction support de ces multinationales.

Mais, peut-être pire encore que d'imposer une concurrence toujours plus vive entre les États, ces multinationales

1. « Les grandes entreprises sont-elles (encore) françaises ? », Étude de l'Institut français de gouvernement des entreprises, in *Preuves à l'appui*, n° 6, mars 2018. L'étude porte sur les 85 plus grandes sociétés inscrites au registre du commerce en France, cotées sur Euronext Paris et qui réalisent environ le tiers de notre produit intérieur brut.
2. Alain Deneault, *Le Totalitarisme pervers d'une multinationale au pouvoir : aux origines de la médiocratie*, Paris, Rue de l'Échiquier, 2017.
3. Entretien accordé par Alain Deneault à Radio Canada, 31 janvier 2018.

pourraient s'atteler à faire du vivant un immense marché. Les corps, par le biais des biotechnologies, et les cerveaux, suppléés par des algorithmes toujours plus puissants, finiraient par leur appartenir. Certains pourraient trouver ces propos outrageusement alarmistes. Les dérives de l'agroalimentaire, incarnées par Monsanto, devraient au contraire nous rendre plus vigilants que jamais. Si, pendant longtemps, le monde de l'entreprise a fustigé le manque de culture économique des politiques, l'on devrait aujourd'hui s'inquiéter du manque encore plus abyssal de culture scientifique. La compréhension des équilibres du vivant, de la portée des progrès de la génétique et de la biotechnologie en général est plus que jamais un enjeu de premier plan qui ne peut être abandonné au seul monde de l'entreprise.

la mort du politique ?

La globalisation, les gains de productivité et la financiarisation expliquent la désindustrialisation de la France. Pour rappel, l'industrie a perdu 1,9 million d'emplois entre 1980 et 2007, soit 36 % de ses effectifs [1]. Face à l'effondrement acté de la société industrielle, les politiques misent sur l'industrie du futur, l'industrie 4.0 [2].

Dans son ouvrage « *Il faut dire que les temps ont changé* », l'économiste Daniel Cohen semble acter que le politique n'a pas su dompter le capitalisme : « La gauche, dans les

1. Lilas Demmou, « La désindustrialisation en France », *Les Cahiers de la DG Trésor*, n° 201/01, juin 2010.
2. Le concept d'« industrie 4.0 » ou « industrie du futur » s'intéresse aux technologies numériques qui transforment les moyens de production, l'organisation et les modèles d'affaires des entreprises.

années 1960, a rêvé d'une sortie du capitalisme. La droite, avec la révolution conservatrice, prônait un retour aux valeurs morales du travail et de l'effort. Toutes les deux se sont trompées. Le capitalisme n'est pas mort, et il n'est pas devenu moral[1]. » Aujourd'hui, dans le monde et en France, les inégalités continuent de se creuser. Les chiffres illustrent cette indécence. Depuis les années 1980, les 1 % les plus riches ont profité deux fois plus de la croissance des revenus que les 50 % les plus pauvres[2]. Pseudo-ruissellement...

L'accélération du changement social se révèle telle que les structures de formation et d'expression de la volonté politique courent le risque de se désynchroniser de la réalité socio-économique. Nous l'observons, la complexité du mode de régulation économique ravive, chez certains, le fantasme de gestion autocratique et renforce les désirs de causalités simples entre la décision et l'action. On en arrive dès lors à une situation où soit le marché, soit des courants populistes régulent. Ces dernières années, cette tendance s'est traduite par le vote pour le Brexit au Royaume-Uni en 2016, l'improbable coalition La Ligue - Mouvement 5 Étoiles en Italie en 2018, l'élection de Donald Trump aux États-Unis en 2016 et de Jair Bolsonaro au Brésil en 2018 ; sans compter la Pologne et la Hongrie qui vont jusqu'à remettre en cause l'État de droit en se proclamant « démocraties illibérales ». Mirage identitaire... Cette tentation des extrêmes, exprimée par une partie des peuples qui semble vouloir

1. Daniel Cohen, « *Il faut dire que les temps ont changé* » *: chronique (fiévreuse) d'une mutation qui inquiète*, Paris, Albin Michel, 2018.
2. Facundo Alvaredo, Lucas Chancel, Thomas Piketty, Emmanuel Saez, Gabriel Zucman (éd.), *Rapport sur les inégalités mondiales*, Paris, Le Seuil, 2018.

reprendre son destin en main, incarnerait pour certains le retour du politique face au tout-économique. Mais de quelle politique parle-t-on ? Celle qui s'appuie sur des vérités dites alternatives, celle qui fait croire à tout un chacun que les problèmes viennent de l'autre, qu'il soit l'étranger ou le riche, celle qui manie habilement ultra-libéralisme et conservatisme réactionnaire. Si c'est cela le retour du politique, nos sociétés sont bien mal en point. Les dirigeants économiques doivent prendre conscience que cette instabilité politique ne sera pas sans conséquence sur la stratégie de leurs entreprises. Ne pas s'atteler à ces questions leur serait fatal.

les entreprises, malades du temps

L'idéologie de l'accélération permanente et de la chasse aux temps morts a gagné toutes les sphères sociétales et économiques, privées et publiques. Dans les entreprises cotées, les grosses PME, les TPE, les administrations et les hôpitaux, l'optimisation est devenue le credo... Quand on exige des directeurs d'hôpital de réaliser des plans d'économies alors que la population vieillit, c'est la mission de service public qui est en jeu.

Depuis notre poste d'observateurs du monde des entreprises, zoomons sur votre univers. Tous, présidents, directeurs généraux, membres du comité de direction, managers, collaborateurs, vous êtes soumis, au quotidien, à la pression du temps. Vos clients, partenaires et autres parties prenantes sont embarqués dans le même tourbillon de la (non-) vie. Course perdue d'avance. On ne lutte pas contre le temps. Le temps est.

quand le tempo écrase la mélodie

Tout, tout de suite. Il s'agirait en fait d'« une crise de la patience[1] », selon le philosophe des sciences Étienne Klein. Cette logique d'immédiateté a envahi l'entreprise. C'est l'emballement. Du volume des informations à traiter, de leurs flux, de leurs sources ; des réseaux sociaux, des applications et autres plates-formes numériques. Comme si l'outil pouvait garantir l'instantanéité.

1. Étienne Klein, *Le Monde selon Étienne Klein*, Paris, Éditions des Équateurs, 2014.

Si le temps de travail a diminué ces cinquante dernières années, son intensité a augmenté. Premiers embarqués dans cette cadence devenue inhumaine, les salariés, soumis à des injonctions contradictoires. Il leur faut faire toujours plus en toujours moins de temps. À l'ère de la réactivité, les directions des ressources humaines célèbrent la polyvalence. Les missions à réaliser s'accumulent dans les boîtes mail alors que la journée ne compte que vingt-quatre heures. Qu'importe. Les collaborateurs se lèveront la nuit pour consulter leur messagerie professionnelle. Le critique d'art et essayiste américain Jonathan Crary analyse cette colonisation du sommeil par le monde marchand. « Étant donné sa profonde inutilité et son caractère essentiellement passif, le sommeil, qui a aussi le tort d'occasionner des pertes incalculables en termes de temps de production, de circulation et de consommation, sera toujours en butte aux exigences d'un univers 24/7 », écrit-il dans *24/7 : le capitalisme à l'assaut du sommeil*[1]. Les sollicitations se multiplient tous azimuts, à tel point que nous rencontrons de plus en plus de salariés qui, devenus familiers de ces afflux, en viennent à attendre le contrordre avant d'agir. La possibilité d'être évalué à tout moment – *instant recognition* –, même de manière informelle par le biais d'une demande de retour par mail, empêche de se projeter, apporte de la confusion dans les priorités et rend les relations humaines extrêmement fonctionnelles, pour ne pas dire mécaniques.

Sous la pression de la concurrence ou du *quarter*[2], l'entreprise poursuit sa course en avant. Les effectifs sont

1. Jonathan Crary, *24/7 : le capitalisme à l'assaut du sommeil*, Paris, La Découverte, 2014.
2. Exercice de communication des résultats trimestriels pour certaines entreprises cotées.

constants, voire en baisse ? Les délais pour le client raccourcis ? Qu'importe. Il faut penser, agir, produire vite. Ralentir signifierait s'arrêter, ou pire, reculer. Les projets se multiplient, les filiales et *business units* se créent. L'entreprise étend son territoire, au risque d'une organisation inextricable et d'un organigramme illisible. Nombreuses sont les entreprises dans lesquelles nous intervenons qui peinent ainsi à produire une photographie à jour de leur organisation tant les changements y sont fréquents. Comme l'explique le mathématicien devenu philosophe Olivier Rey, « il y a toujours avantage à croître – on devient plus puissant par rapport à ses concurrents. Mais [...] plus les choses croissent en taille, plus il est difficile de synchroniser les actions à l'intérieur de cette entité de plus en plus grosse ; et cela "justifie" l'existence d'une caste managériale de plus en plus importante dont le seul but est de faire tenir les morceaux ensemble[1] ». On frise l'absurde. La cause du sentiment d'hypercompétition n'est donc pas seulement exogène – l'accélération du monde –, mais aussi endogène, en ceci qu'elle est ancrée dans la culture managériale de plusieurs générations de managers « formés à l'idée que leur rôle économique et social est d'organiser le mouvement permanent des organisations qui les emploient, de manière à les rendre plus innovantes et à briser toute résistance aux changements[2] ». Dans le secteur privé comme dans la sphère publique, deux domaines où nous sommes intervenus, nous constatons que le mouvement – *crescendo* – semble tenir

1. Entretien accordé par Olivier Rey au Cercle Politeia de Bordeaux, 7 octobre 2017.
2. Pierre-Yves Gomez, *Le Travail invisible : enquête sur une disparition*, Paris, François Bourin Éditeur, 2013.

lieu de sens, peu importe sa direction. Les entreprises augmentent la fréquence des résultats économiques internes et externes, des réunions, des instances de gouvernance, des points d'avancement avec les managers, des entretiens annuels, des évaluations 360, etc.

La technocratie a pris le pouvoir. Les data, logiciels, réseaux et autres *process* orchestrent l'organisation du travail et en contrôlent le rythme. C'est l'ère du *reporting*, du *benchmarking*, du *brainstorming*, des *powerpoints*, des indicateurs chiffrés, des ratios, des « Trophées de la relation client » et du « meilleur employé ». Tels des robots, managers et collaborateurs répondent à des automatismes. À quoi bon réfléchir puisque des critères objectifs de choix facilitent la prise de décision ? À combien de réunions tenues pour stratégiques avons-nous assisté qui se déroulent sans ordre du jour et la décision prise se réduit souvent à la date de la prochaine réunion ? Les managers partent en séminaire, à grand renfort de consultants, pour dessiner le projet d'entreprise des trois années à venir. De *brainstorming* en *workshop*, de Post-it en *design thinking*, ils cherchent le cap mais ne l'atteignent pas. La forme a remplacé le fond ; le *process*, le sens ; le tempo, la mélodie. L'entreprise se perd dans le mythe du participatif. Le philosophe espagnol Daniel Innerarity résume cette tendance d'une formule lapidaire : « Le processus a triomphé sur le projet, le *post* sur le *pro*, et les conduites d'anticipation relèvent davantage de la prévention et de la précaution que de la prospective et du projet[1]. »

1. Daniel Innerarity, *Le Futur et ses ennemis : de la confiscation de l'avenir à l'espérance politique*, Paris, Flammarion, 2008.

Si le *process* protège de la peur, il protège aussi de l'audace. La folie de l'évaluation tue peu à peu la créativité, étouffe la prise de risque et déresponsabilise. Les primes à la performance individuelle encouragent la logique mercenaire – du haut en bas de l'organigramme. Prudence : autant ne pas affronter les difficultés, ne pas sortir de sa zone de confort et maintenir le statu quo. Puisqu'une mission est considérée comme terminée lorsqu'elle a été reportée, respectons « simplement » les *process*. Être audacieux pourrait mener à l'échec. Et ce dernier est tellement peu valorisé. D'un côté, l'entreprise dissuade toute initiative constructive ; de l'autre, elle feint d'encourager la proactivité des collaborateurs. Elle voudrait échouer qu'elle ne s'y prendrait pas mieux.

le travail plongé dans un jour sans fin

Le processus de rationalisation est enclenché. *Machine learning*, *chatbots* et autres *finbots* : chaque jour apporte son lot d'avancées. Aujourd'hui, dans les entreprises, les robots dialoguent avec le client. Demain, qui mieux qu'un robot – jamais découragé, toujours mobilisé – pour s'adapter aux restructurations permanentes, aux révisions de stratégie incessantes, aux recompositions des organisations qui se succèdent ? Coupables de ne pouvoir tenir le rythme de l'urgence, les salariés se sentent menacés par la digitalisation, l'usage des algorithmes et la robotisation. Le tempo frénétique frappe d'obsolescence toujours plus rapide – quand elle n'est pas programmée – les technologies, les métiers, les savoir-faire. Du corps médical aux ouvriers en passant par les métiers du tertiaire, aucune profession n'est à l'abri du remplacement – partiel, voire total – de l'homme par la machine. Vidé de ses dimensions subjectives et collectives, le travail perd tous les jours un peu plus de son contenu, de son sens. Dans ces conditions, les « travailleurs sont si anxieux de leur devenir qu'ils rêvent de revenus... déconnectés de leur travail[1] », analyse Pierre-Yves Gomez. En l'absence de perspective de baisse de régime, chacun se désengage, décélère à sa façon, créant une arythmie dans le temps de la production.

Nous le constatons chaque jour dans nos interventions : l'entreprise est un lieu où le rapport au temps est devenu pathologique pour le collectif comme pour les individus. *Burn-out*, *bore-out*, *brown-out*[2] : des expressions barbares qualifient l'épuisement et la souffrance au travail. Les salariés se disent malheureux, déprimés, anxieux par la somme de travail, l'ennui ou l'absence de sens. L'anthropologue David Graeber a recueilli des centaines de témoignages auprès de ces travailleurs. Son livre, *Bullshit Jobs*[3], a fait grand bruit. Selon lui, « des millions de personnes souffrent aujourd'hui d'un terrible manque de sens, couplé à un sentiment d'inutilité sociale. Ce qui peut sembler paradoxal : en théorie, l'économie de marché, censée maximiser les profits et l'efficacité par le jeu de la concurrence, ne devrait pas permettre à ces jobs peu utiles d'exister[4] ». Managers qui perdent leur temps

1. Pierre-Yves Gomez, *Le Travail invisible*, *op. cit.*
2. Ces termes qualifient respectivement le syndrome d'épuisement professionnel, l'ennui conduisant à un épuisement professionnel et la baisse de régime liée à la quête de sens.
3. David Graeber, *Bullshit Jobs*, Paris, Les Liens qui libèrent, 2018. En français : « boulots à la con ».
4. Ici et suivantes : « Les "bullshit jobs" se sont multipliés de façon exponentielle ces dernières décennies », entretien avec David Graeber, *Le Monde*, 11 septembre 2018.

en réunion, salariés employés pour justifier le pouvoir de leur chef, ils travaillent pour... travailler, sans perception du sens réel de ce qu'ils font. David Graeber dénonce une « féodalité managériale » et « l'amour de la hiérarchie pour la hiérarchie », fruits du capitalisme financier. Selon son enquête, la part des services « liée aux emplois du secteur de l'information au sens large - informatique, finance, assurance, communication - a explosé. C'est là qu'une bonne partie des *bullshit jobs* se concentrent ». Les professions médicales, le corps enseignant, les artisans ou les conducteurs de bus ne seraient, pour l'instant, pas concernés.

La logique productiviste qui règne dans certaines entreprises guidées par la vision d'une performance strictement financière a ses limites bien connues : mauvaise qualité des produits, risques sanitaires et environnementaux, accidents industriels. Yves Clot, titulaire de la chaire de psychologie du travail au Conservatoire national des arts et métiers, résume parfaitement la logique contre-productive de cette course en avant : « Cela n'arriverait pas si la performance et la réussite étaient envisagées qualitativement, aussi à l'aune du travail bien fait, en coopération avec les salariés. [...] Je suis convaincu qu'en fait, l'éthique, envisagée comme l'affranchissement des discours convenus, est le fond du développement d'un métier. Un travailleur progresse et devient meilleur s'il ne se sent pas obligé de tricher avec le réel[1]. » C'est à cette condition que le travail pourra retrouver sa valeur, gage du développement sain et durable de l'entreprise.

1. Cité dans Alexandre Lacroix et Amandine Le Goff, « La morale est-elle soluble dans l'entreprise ? », *Philosophie Magazine*, février 2014.

des dirigeants de plus en plus hors du temps

Au quotidien, nombre de décideurs nous confient ne plus toucher terre, enchaîner les réunions, ne plus trouver le temps de dessiner une vision, de concevoir une stratégie qui projette les femmes et les hommes dans un futur attractif.

Managers comme dirigeants prennent aujourd'hui en temps réel un nombre croissant de décisions qui auparavant ne remontaient pas forcément jusqu'à eux. Comment, dans ces conditions, opérer la distinction entre la bonne information et la mauvaise, l'importante et l'accessoire ? Comment ne pas confondre urgence et priorité ? Les décideurs se voient obligés d'extrapoler de plus en plus fréquemment à partir d'un passé toujours plus bref. Ils fixent des rythmes et synchronisent entre eux des sujets relevant de projets dont la complexité s'aiguise. Les patrons ne traitent plus le temps long. Sous la pression du temps, ils semblent agir eux aussi comme des robots et recourent parfois à des méthodes simplistes pour décrypter le monde, courant ainsi le risque de se déconnecter du réel. Ce n'est pas l'intelligence qui leur manque mais le temps. Combien de fois avons-nous constaté que les dirigeants des entreprises, notamment les plus grandes, ne passent que quelques jours par an à tenter de comprendre le monde qui les entoure, à sortir de leur bureau autrement que pour parcourir la planète, ballottés entre les lounges d'aéroport et les salles de réunion de chaînes hôtelières aseptisées, ou pour découvrir une énième pépinière de start-up. Ne parlons pas du temps consacré à aller au contact des réalités de terrain.

Il est réduit à sa portion la plus congrue et se limite bien souvent à des *live chats* avec les collaborateurs sur les réseaux sociaux. Cela leur permet-il vraiment de les connaître ? Non, c'est certain. Mais cela crée l'illusion au plus haut de l'entreprise que le contact n'est pas rompu. Pour autant, bien souvent il l'est et aucun consultant, aucun sociologue missionné par le comité de direction ne pourra pallier cette déconnexion.

Toutefois, les dirigeants ne subissent pas seulement l'accélération du monde ; ils y participent par leur recherche d'une « vie intense[1] », pour reprendre les termes de Tristan Garcia. Jongler entre les avions, décider de la tenue d'une réunion de crise, piloter le comité exécutif du lundi matin, assurer les visites d'usines, multiplier les déjeuners d'affaires, répondre aux sollicitations des médias, honorer les invitations aux concerts ou aux vernissages, se préparer au prochain marathon, se ressourcer en famille... Nombreux sont les décideurs qui semblent être galvanisés par cette vie riche et virevoltante. Dans ces conditions, pourquoi vouloir décélérer ?

Au-delà de leur moteur personnel, les dirigeants contribuent à l'accélération des processus stratégiques de l'entreprise. Les responsables sont... responsables. Comme l'explique Daniel Innerarity, « notre myopie par rapport au futur a son origine dans notre appauvrissement de la perception du présent. [...] Ce n'est pas l'urgence qui empêche d'élaborer des projets à long terme mais l'absence de ces projets qui nous soumet à la

1. Tristan Garcia, *La Vie intense : une obsession moderne*, Paris, Autrement, 2016.

tyrannie du présent[1] ». Nombre de patrons n'ont-ils pas réduit leur vision stratégique de cinq à trois ans, voire au prochain *road show*, ces présentations annuelles - quand elles ne sont pas trimestrielles - où les dirigeants rendent compte des résultats aux actionnaires et analystes financiers et expliquent le montant des dividendes à verser ? Larry Fink, PDG de BlackRock, premier gestionnaire d'actifs mondial, pourra bien déclarer au *Monde* qu'il adresse tous les ans une lettre aux PDG des entreprises dans lesquelles le fonds investit, les incitant à se concentrer sur leur stratégie de long terme : « De plus en plus de PDG évoquent la responsabilité environnementale de leur entreprise, son implication dans la communauté. [...] Ces cinq prochaines années, il faudra surveiller comment ils passent des mots aux actes[2]. » Deux ans se sont écoulés déjà, BlackRock a-t-il constaté des changements, les a-t-il encouragés ?

un attrait maladif pour le nouveau

S'il est une fonction dans l'entreprise qui a connu ses heures de gloire ces quinze dernières années, c'est bien celle de l'innovation. Mais à dire vrai, pour quel résultat ? Combien de centaines de millions d'euros ont été investis pour développer l'innovation participative, accompagner des projets hors sol, rencontrer des start-up qui ont presque toutes disparu ? Combien de centaines de millions d'euros investis dans des grands barnums sur le monde de demain, des sessions TED et autres *meet-up*[3] à

1. Daniel Innerarity, *Le Futur et ses ennemis*, *op. cit.*
2. Marie Charrel et Isabelle Chaperon, « Je crois fermement en la mondialisation », entretien avec Larry Fink, *Le Monde*, 19 septembre 2018.
3. Un *meet-up* est une soirée de réseautage social, qui regroupe les participants autour de un ou plusieurs centres d'intérêt communs.

n'en plus finir ? Combien de directrices ou de directeurs d'innovation avec lesquels nous avons travaillé depuis des années se sont épuisés à lutter contre le mimétisme des dirigeants d'entreprise et leur attrait pour la communication au détriment de l'investissement de long terme. La fonction innovation elle-même devait chaque année se renouveler ! Alors l'épuisement s'est transformé en renoncement et l'innovation est devenue le haut lieu du benchmark et de l'imitation, tournant à vide autour de méthodes éculées. Au lieu d'être une fenêtre ouverte sur le monde, la fonction innovation est devenue un processus porté à bout de bras par des consultants en manque d'inspiration et des comités de direction en manque de vision. Bienvenue dans l'ère de la *fast-innovation.*

Hartmut Rosa ne nous dit pas autre chose quand il affirme que « la société moderne et capitaliste ne reproduit sa structure qu'à travers une innovation de plus en plus rapide[1] ». Disruption[2], robotisation, intelligence artificielle, toutes les technologies innovantes contribuent à la rentabilité et, le cas échéant, à la valorisation du cours de la Bourse, du moins à court terme. L'innovation comme une promesse jamais réellement réalisée d'un profit futur.

D'ailleurs, l'innovation porte aujourd'hui moins sur les produits et services que sur les modèles d'affaires (*business models*) et les *process*. Nombre d'acteurs économiques semblent avoir entériné le fait qu'un nouveau produit sur

1. Hartmut Rosa, *Accélération, op. cit.*
2. Terme recouvrant le phénomène de rupture créé par une technologie dans un secteur donné.

le marché ne confère un avantage concurrentiel que pour une durée toujours plus courte. Une innovation technologique s'avère en effet très vite imitée et limitée, ce qui serait moins le cas d'un *business model* innovant. Alors « l'innovation devient non plus le moyen, mais l'objectif économique [1] », résume Pierre-Yves Gomez. Les entreprises en arrivent à ne plus savoir quelle sera leur activité à de plus en plus court terme. Jack Ma, l'ex-PDG du géant chinois Alibaba, ne confiait-il pas que « le changement est le meilleur équilibre qui soit [2] », pour qualifier son *business model* ? Peu importe que la réussite d'une activité soit décorrélée de sa pérennité à long terme ; peu importe les répercussions sur la cohésion du collectif, peu importe que l'apparente culture de l'innovation vantée par l'entreprise soit en parfaite contradiction avec les modes de fonctionnement internes, notamment au plus haut niveau de l'organisation. Pourvu que les indicateurs soient au vert.

Pourtant, si l'innovation peut s'avérer sans fin ou presque, ce n'est pas le cas de la production et de la consommation, qui demeurent enchevêtrées dans un ici et un maintenant bien réels. Cette désynchronisation entre l'attrait toujours plus fort pour le nouveau et la réalité des organisations fragilise aujourd'hui les processus stratégiques. Toujours plus d'innovation, toujours moins de vision ; toujours plus de méthodes, toujours moins d'inspiration. L'innovation ou le syndrome du *Guépard*, « il faut que tout change pour que rien ne change [3] ».

1. Pierre-Yves Gomez, *Le Travail invisible*, *op. cit.*
2. *Harvard Business Review*, juin-juillet 2016, p. 68.
3. Giuseppe Tomasi di Lampedusa, *Le Guépard*, Paris, Le Seuil, 1959.

l'esprit de démesure

« Partout où quelque chose ne va pas, quelque chose est trop gros[1] », affirmait Leopold Kohr, penseur autrichien du XXe siècle. Écho troublant avec le monde actuel. Dans la lignée de cette pensée, Olivier Rey examine nos pathologies contemporaines à travers le prisme de l'échelle et considère que « la plupart des crises contemporaines (politiques, économiques, écologiques, culturelles) tiennent au dédain affiché par la modernité pour les questions de taille. Nous mesurons tout aujourd'hui, des volumes de transactions à la Bourse aux taux de cholestérol, de la densité de l'air en particules fines au moral des ménages. Mais plus nos sociétés se livrent à cette frénésie de mesures, moins elles se révèlent aptes à respecter la mesure, au sens de juste mesure. Comme si les mesures n'étaient pas là pour nous aider à garder la mesure mais, au contraire, pour propager la folie des grandeurs[2] ».

la vie, réduite à une masse de clics

L'homme contemporain court, clique, gère, programme, s'éparpille. En effet, comme le pointe Hartmut Rosa, « le smartphone met le monde à notre portée, est l'instrument à travers lequel les sujets urbains modernes et pressés cherchent à entrer en contact les uns avec les autres, à réduire les distances. [...] La logique de l'accélération prend les rênes et crée une aliénation[3] ». Chaque

1. Leopold Kohr, *The Breakdown of Nations*, Londres, Routledge and K. Paul, 1957.
2. Olivier Rey, *Une question de taille*, *op. cit.*
3. Hartmut Rosa, *Accélération*, *op. cit.*

connexion Internet augmente et affine en même temps notre empreinte numérique. Les algorithmes l'analysent pour s'immiscer toujours plus dans nos vies en nous adressant des recommandations de lieux, de la publicité personnalisée, des informations ciblées en fonction de nos goûts supposés... « Il semble qu'aujourd'hui il n'y ait plus un seul instant de la vie des individus qui ne soit modelé, contaminé ou contrôlé par un dispositif [1] », analyse le philosophe Giorgio Agamben. Nous faisons de plus en plus face à cette folie de la mesure de soi qui réduit nos expériences à des traces numériques quantifiables et valorisables. Ainsi, chaque jour, les technologies captent nos données de vie – ça on le savait déjà, victimes consentantes du hold-up de ce nouveau siècle par les géants du numérique –, mais aussi, et c'est probablement le plus inquiétant, mobilisent notre attention de façon croissante.

Dans son ouvrage *L'Économie de l'attention : nouvel horizon du capitalisme ?*, Yves Citton, professeur de littérature et média, nous rappelle que « si l'économie de l'attention a toujours existé, elle tend à devenir de plus en plus hégémonique, au point de dominer les sphères de la production [2] ». En ces temps d'inflation d'informations, de sursollicitations publicitaires et d'explosion des choix, l'attention et la concentration sont devenues des ressources rares, donc précieuses. En ce sens, l'histoire racontée par l'Américain Matthew B. Crawford, chercheur en philosophie, est intéressante. Recruté par un

1. Giorgio Agamben, *Qu'est-ce qu'un dispositif ?*, Paris, Payot & Rivages, 2007.
2. Yves Citton, *L'Économie de l'attention : nouvel horizon du capitalisme ?*, Paris, La Découverte, 2014.

think tank de Washington, ce passionné de motos a quitté rapidement son poste apparemment stimulant pour une activité plus créatrice à ses yeux : un garage à motos. Dans un salon « classe affaires » d'un aéroport, il lui est « venu cette terrifiante image d'un monde divisé en deux : d'un côté, ceux qui ont droit au silence et à la concentration, qui créent et bénéficient de la reconnaissance de leurs métiers ; de l'autre, ceux qui sont condamnés au bruit et subissent, sans en avoir conscience, les créations publicitaires inventées par ceux-là mêmes qui ont bénéficié du silence[1]... ».

Le monde actuel a privatisé le silence, qui seul rend possibles l'attention et la concentration. Les algorithmes n'orientent pas seulement nos vies et nos décisions à travers les messages et les alertes envoyés sur nos smartphones. Ils nous maintiennent dans des bulles affinitaires et réduisent notre champ du possible – comme consommateurs, comme citoyens – à ce que nous sommes déjà, nous enfermant dans un déjà-là. Triste (voire dangereuse) perspective.

l'espace, effacé de la carte

La mondialisation – permise par les progrès technologiques accélérant la circulation des personnes, des biens, des informations – a refaçonné l'espace-temps et unifié les territoires, les cultures, la diversité humaine. Il suffit de parcourir les métropoles mondiales pour ressentir le vertige causé par un style international – d'essence

1. Weronika Zarachowicz, « Comment le monde actuel a privatisé le silence », *Télérama*, 7 mars 2016.

nord-américaine – de plus en plus présent, touchant aux modes de vie et de consommation. Cette esthétique culturelle générique envahit les centres urbains, terrains de jeu des mêmes marques globales qui cherchent à réenchanter l'espace public par l'*entertainment*, faisant dire au chercheur Zaki Laïdi que « la mondialisation sanctionne la fin de l'altérité radicale. C'est là d'ailleurs que se développe l'idée d'une uniformisation du monde [1] ». Nous produisons un « village planétaire » où la quête d'authenticité est de plus en plus difficile à trouver. De nombreux territoires, jusqu'à récemment épargnés par cette prédation, sont désormais les terrains de jeu des industries occidentales, et demain chinoises, en quête de relais de croissance vitaux pour leur communication financière. L'espace est pratiquement réduit et la nouvelle économie de l'information ne nous promet pas moins que sa dissolution dans un monde virtuel où toute frontière serait vaine. Folie de la démesure.

la planète, pillée par notre hubris

Pour perdurer, le modèle économique libéral « demande de produire et consommer sans répit », résume Cyril Dion dans son *Petit Manuel de résistance contemporaine* [2]. L'augmentation de la population à l'échelle mondiale et nos modes de consommation ont déjà créé une pression inédite sur les ressources naturelles et dégradé 75 % de la surface de la Terre [3]. Les humains ont détruit l'équilibre naturel de la planète, dégradé ses écosystèmes, épuisé

1. Zaki Laïdi, « La mondialisation est aussi un imaginaire », *Revue Projet*, n° 287, 2005.
2. Cyril Dion, *Petit Manuel de résistance contemporaine*, Paris, Actes Sud, 2018.
3. Selon *L'Atlas mondial de la désertification* publié le 21 juin 2018 par la Commission européenne.

les ressources naturelles, sans penser au bien-être des générations futures. Nous pourrions ajouter cent livres sur le sujet à ceux déjà écrits. Il est urgent que les dirigeants réalisent que leurs consommateurs ne pourront bientôt plus leur pardonner de détourner la tête de cette catastrophe en cours. Que chaque jour monte la colère contre le *green washing*[1] et la légèreté avec laquelle les entreprises continuent à traiter cette question de leur impact environnemental. Aucun rapport, aucun plan marketing ne remplacera jamais la prise de conscience, réelle et sincère, au plus haut niveau de l'entreprise que la fin d'un monde est proche, la fin d'un monde où la démesure aurait finalement pris le contrôle de nos destinées.

* * *

Effacer l'espace, sortir du temps. Deux rêves prométhéens, moteurs de notre fuite en avant. Insensés que nous sommes, notre course collective est vaine. Ne supportant plus la frustration, nous avons adopté un rapport de prédation au monde. Notre société, régie autrefois par l'agriculture, puis par l'industrie, et enfin par les services, est arrivée au bout de sa logique. La pression de rentabilité se révèle quasi inégalée, et la croissance, atone. Selon l'économiste Daniel Cohen, « la matrice algorithmique va faire repartir la croissance au prix de la déshumanisation[2] ». D'où viendra la prochaine crise financière ? Quand arrivera-t-elle ? Cela ne saurait tarder...

1. Le *green washing* (« écoblanchiment ») est une méthode de marketing consistant à communiquer auprès du public en utilisant l'argument écologique – le but étant de se donner une image écoresponsable, assez éloignée de la réalité.
2. Daniel Cohen, France Inter, 30 août 2018.

Confrontés à la catastrophe écologique et à l'arrivée des robots, nous nous trouvons dans l'impossibilité de nous projeter dans l'avenir[1]. Serions-nous condamnés au présentisme ? À ce rythme, le futur risque de disparaître. Dirigeants, patrons, responsables, si le capitalisme survit, il ne sera plus comme avant. Vous ne savez que faire. Du moins pas encore... En attendant, vous traitez les symptômes, vous cherchez de nouvelles solutions sans changer de logiciel. Alors vos remèdes prennent l'allure de mirages...

1. Seuls 13 % des jeunes Français voudraient vivre dans le futur, rapporte Daniel Cohen (France Inter, 30 août 2018).

partie 2

les nouveaux mirages de la stratégie

« Créer, c'est résister. Résister, c'est créer[1]. » Le credo de Stéphane Hessel, exprimé en 2010 dans son fameux *Indignez-vous !*, résonne encore. Le militant écologiste Cyril Dion nous rappelle que « nous sommes face à un danger comparable à celui d'une guerre mondiale. Sans doute même plus grave. Danger porté par une idéologie matérialiste, néolibérale, principalement soucieuse de créer de la richesse, du confort, d'engranger des bénéfices. [...] Nous devrions résister. Il ne s'agit pas de prendre les armes, mais de transformer notre façon de voir le monde[2] ». Cette transformation serait à l'œuvre.

Depuis la crise de 2008, en effet, l'époque a changé, les mentalités ont évolué. En réaction au « toujours plus », l'individu est parti en quête de soi, en quête de sens. Les citoyens aspirent à une nouvelle manière de produire, de travailler, de consommer, d'être en lien, de vivre le monde. Ils souhaitent un ancrage dans le réel, dans le temps de l'humain, du partage. Les consommateurs deviennent des « consomm'acteurs » et privilégient les entreprises au comportement éthique et responsable. Pour répondre à ces attentes collectives, start-up, *fab labs*, incubateurs et autres *makerspaces* se posent en alternative à l'entreprise traditionnelle. Concomitante de la révolution digitale, la nouvelle économie du partage, en plein essor, promet de redistribuer les cartes, depuis le rapport

1. Stéphane Hessel, *Indignez-vous !*, Indigène Éditions, Paris, 2010.
2. Cyril Dion, *Petit Manuel de résistance contemporaine*, *op. cit.*

à l'espace et au temps du travail jusqu'aux relations humaines, en passant par nos représentations. La société serait devenue collaborative.

Afin de rester dans la course, les grandes entreprises tentent – souvent à tout prix – de s'adapter à ces ruptures sociétales. Elles en viennent à singer les start-up pour cultiver leur attractivité vis-à-vis des collaborateurs et consommateurs ; à apposer la mention « source de bonheur » à leur objet social ; à croire aveuglément à la liberté offerte par l'intelligence artificielle. Mais on ne change pas son ADN... Et puis, à y regarder de plus près, ces nouveautés sonnent un peu faux : la sphère collaborative s'apparente davantage à une machine à créer de l'inégalité sous couvert d'une société du partage ; les start-up se vivent plus comme un pur produit financier qu'un véritable projet d'entreprise ; l'intelligence artificielle se révèle pas si intelligente et pas si artificielle qu'elle le dit ; la revendication du bonheur cache trop souvent le manque de sens de l'entreprise. Autant de mirages dans lesquels il est trop facile de tomber.

le mirage du partage

En douze ans donc, depuis la dernière crise financière, la société a changé : la révolution digitale a rencontré les attentes des citoyens. Acheter ou échanger du matériel d'occasion entre particuliers, pratiquer le covoiturage en période de grève, louer un appartement sur Airbnb pour visiter Berlin, attraper un Uber pour rentrer chez soi, récupérer son panier bio dans une Amap [1], participer au financement d'un film via une plate-forme de *crowdfunding*, prendre des cours de russe en ligne... L'économie collaborative est entrée dans le quotidien des Français. Certes, les adeptes de la commande au bout du smartphone restent davantage les jeunes, les cadres et les urbains. Il n'empêche. Une grande majorité de Français ont déjà utilisé une plate-forme et 63 % de nos concitoyens estiment que le développement de l'économie collaborative constitue une bonne chose pour les individus [2].

Que traduit ce tournant collaboratif ? Selon le Crédoc, ces pratiques « font écho à de nouvelles aspirations : distance aux institutions et remise en cause des fonctionnements hiérarchiques, besoin de reconnaissance individuelle, valorisation de l'intelligence collective, attrait pour la figure de l'amateur et de l'artisan, etc. Pour une partie de la population, le "faire ensemble" devient ainsi un nouvel idéal [3] ». Dans les faits, les Français changent

1. Amap : Association pour le maintien d'une agriculture paysanne.
2. « Les Français et l'économie collaborative », sondage Elabe pour *Les Échos*, l'Institut Montaigne et Radio Classique, 2 août 2018.
3. Ici et suivante : « Le collaboratif, nouvel horizon utopique ? », étude du Centre de recherche pour l'étude et l'observation des conditions de vie (Crédoc), publiée en avril 2018.

de priorités : « Avec la société de consommation, l'acquisition d'objets est devenue un moyen pour exprimer son identité, sa personnalité, donner à voir son statut social, affirmer son appartenance à un groupe ou garder une trace des souvenirs de son histoire personnelle et familiale. Aujourd'hui, dans une société où la mobilité, l'éphémère, la vitesse, la flexibilité deviennent les valeurs de référence, posséder et accumuler sont des valeurs remises en question. » Les aspirations des citoyens évoluent et redessinent l'organisation économique. Au point que certains prédisent la fin de l'économie traditionnelle.

l'émergence d'une société de la multitude ?

Économie collaborative, économie du partage, de la contribution, de la coopération, de la pollinisation... Plusieurs terminologies se font concurrence, reflétant la diversité des motivations de ces nouveaux entrepreneurs pour beaucoup issus du monde numérique. Ils sont nombreux, passés ou non par la case « grande entreprise », à opter pour cette économie de l'usage. Voyages, modes de transport, hébergement, finances, éducation, culture, services à la personne ou aux entreprises, aucun domaine n'échappe à cette économie du « pair à pair ». « Citoyennement responsable », l'économie du partage est « progressivement mais inéluctablement débarrassée de toutes formes d'intermédiation[1] », précise Philippe Wattier, fondateur du Cercle du leadership. Rien de moins que la logique horizontale du SEL (système

1. Clément Berardi, Julien Eymeri, Philippe Wattier (éd.), *Les dirigeants peuvent-ils faire l'économie du partage ?*, ouvrage collectif du Cercle du leadership édité en collaboration avec Quartier Libre, Paris, Quartier Libre Éditions, 2015.

d'échange local) des années 1990, décuplée à grande échelle par la puissance du numérique.

Quelques chiffres pour mesurer l'ampleur de cette vague collaborative. Le marché des cinq principaux secteurs de cette économie en Europe – finance, hébergement, transport, services à la personne et services aux entreprises –, estimé en 2015 à 28 milliards d'euros, pourrait atteindre les 570 milliards d'ici à 2025, selon le cabinet d'audit PwC [1]. Soit une croissance de 2 000 % en dix ans ! L'Hexagone compte plus de 350 plates-formes – dont deux leaders, Blablacar et Leboncoin – et s'avère être l'un des marchés pionniers en Europe. La French Tech est célébrée à l'étranger où les start-up françaises réalisent plus de la moitié de leur chiffre d'affaires [2]. L'engouement atteint le sommet de l'État. Le président Emmanuel Macron ne déclarait-il pas, le 15 juin 2017 à Paris, lors du salon VivaTech, que « ce que nous devons faire, c'est changer en profondeur notre modèle. Je veux que la France soit une nation start-up, c'est-à-dire une nation qui travaille avec et pour les start-up ; mais aussi une nation qui pense et agit comme une start-up » ?

Selon Nicolas Colin et Henri Verdier, auteurs de *L'Âge de la multitude* [3], la puissance déserte les organisations et se trouve dans les milliards d'individus qui utilisent des applications. « D'une manière ou d'une autre, le numérique fait appel à la puissance de création des gens éduqués et connectés, qui créent de la valeur en produisant

1. Estimation de PricewaterhouseCoopers à partir de « Future of the Sharing Economy in Europe 2016 », étude commanditée par la Commission européenne, 2016.
2. « La performance économique et sociale des start-up numériques en France », baromètre EY/France Digitale, 2017.
3. Nicolas Colin et Henri Verdier, *L'Âge de la multitude*, Paris, Armand Colin, 2012.

de façon bénévole, en consentant au recueil de traces ou en laissant des informations derrière eux[1] », analyse Henri Verdier, aujourd'hui ambassadeur de la France pour le numérique. Et de poursuivre : « On pourrait parler d'un nouvel ordre industriel, voire d'un changement de civilisation. Or ce qui nous semble le plus significatif dans l'ordre émergent, plus encore que la macro-économie ou les progrès scientifiques, c'est le rôle des innovateurs radicaux : ceux qui s'emparent des possibilités scientifiques et techniques offertes par le progrès technologique et en font la synthèse pour proposer quelque chose d'inédit. Inventeurs, entrepreneurs ou même multitude, leurs propositions ne sont pas forcément technologiques. Elles ouvrent un régime d'échanges et d'interactions qui n'existait pas auparavant. » Plus que d'époque, nous avons changé d'ère.

Après la crise de 2008, cette nouvelle économie a émergé comme une alternative au tout-libéral, une tentative de « réhumaniser le business », une opportunité de partager les richesses plus équitablement. En brouillant la frontière historiquement tracée entre production et consommation, l'économie collaborative bouscule le salariat, marque de fabrique du capitalisme. Donc le rapport au travail, dans ses dimensions espace et temps.

le capitalisme est mort, vive le capitalisme !

« Le capitalisme, miné par sa logique interne de productivité extrême, rend le coût marginal – qui est le coût de production d'une unité supplémentaire d'un bien ou d'un

1. Ici et suivante : « L'économie de la multitude », entretien avec Nicolas Colin et Henri Verdier, *Paris Innovation Review*, 7 juin 2012.

service – quasi nul. Si réaliser chacune de ces unités supplémentaires ne coûte rien, le produit devient donc presque gratuit et le profit, la sève qui fait vivre le capitalisme, se tarit[1]. » En 2014, par ces propos, Jeremy Rifkin n'annonçait rien de moins que la disparition du capitalisme à l'horizon 2060. Le prospectiviste américain poursuit : « L'esprit nouveau est moins autonome et plus interactif ; moins soucieux de faire avancer l'intérêt financier et plus attaché à faire progresser la qualité de vie ; moins passionné par l'accumulation du capital de marché et davantage par celle du capital social ; moins avide de posséder et d'avoir et plus désireux d'accéder et de partager. »

Or, en attendant la mort annoncée du capitalisme, le Dow Jones, boosté par Apple et Amazon, affiche des records. Les entreprises traditionnelles tentent de répondre aux nouvelles attentes de la société pour rester dans la course. Les grands groupes se rapprochent de l'écosystème collaboratif tout en y décelant une menace. Ne craignent-ils pas en effet d'être « ubérisés », comme Accor le fut par Airbnb ?

Publié en 1999, *Le Nouvel Esprit du capitalisme*[2], signé Luc Boltanski et Ève Chiapello, n'a pas pris une ride. Selon les sociologues, le capitalisme retourne toujours en sa faveur les aspirations que la société lui oppose. La vague collaborative en est une belle illustration. Après les crises financières à répétition, les citoyens aspiraient à

1. Ici et suivante : Jeremy Rifkin, *La Nouvelle Société du coût marginal zéro : l'Internet des objets, l'émergence des communaux collaboratifs et l'éclipse du capitalisme*, Paris, Les Liens qui libèrent, 2014.
2. Luc Boltanski et Ève Chiapello, *Le Nouvel Esprit du capitalisme*, Paris, Gallimard, 1999.

davantage de sens, de partage. Ni une ni deux, les néo-capitalistes se sont positionnés sur ce créneau.

faux collaboratif mais vrai capitalisme

Il y a économie collaborative et économie collaborative. Cette expression recouvre en effet des réalités diverses, depuis l'économie sociale et solidaire jusqu'aux méga-plates-formes du numérique. Confusion de langage subtilement et sciemment entretenue... Dessiner un monde meilleur. Telle serait la motivation de la plupart des entrepreneurs qui se ruent sur l'eldorado numérique. À d'autres. Pour Hugues Sibille, président du Labo de l'économie sociale et solidaire (ESS), « la finalité de Blablacar, c'est de gagner de l'argent, le plus vite possible, pour répondre aux attentes des investisseurs. Le but de l'économie coopérative, c'est le service aux membres de la coopérative et plus largement le service à la communauté, c'est-à-dire l'intérêt général[1] ». D'un côté, le monde des plates-formes, animé par la recherche du profit. De l'autre, la sphère non lucrative de l'ESS, soucieuse d'un monde plus juste, plus vert, plus équitable. Ça va mieux en le disant. « Il faut se rappeler que la finalité d'Airbnb, ça n'est pas de mettre en relation un jeune Parisien et un jeune New-Yorkais. Sa finalité, c'est de gagner du fric », poursuit Hugues Sibille. Quant à la fameuse communauté de l'économie collaborative numérique, elle « n'a aucun pouvoir sur l'entreprise. C'est une communauté virtuelle d'usagers, sans véritables liens entre eux et surtout sans liens de pouvoir ou juridiques

1. Ici et suivantes : Robin Prudent, « L'économie collaborative accroît les inégalités patrimoniales », entretien avec Hugues Sibille, *L'Obs avec Rue 89*, 26 août 2016.

sur l'entreprise. Faire partie de la communauté des “hôtes” Airbnb, c'est comme être client de Leroy Merlin avec une carte de fidélité, rien de plus ».

En réalité, c'est la possible profitabilité de l'économie collaborative qui amène les investisseurs à s'intéresser à ce secteur et non le souci du partage et de l'économie des ressources. Juste quelques données pour rester factuels. Levée de fonds de 200 millions de dollars pour Blablacar en 2015, record pour la French Tech en 2017 avec 3,185 milliards récoltés [1] ; introduction en Bourse de la licorne [2] Airbnb – valorisée 30 milliards de dollars – prévue pour 2020. Le partage est rentable. Finalement, la vague collaborative n'est-elle pas le simple reflet de la nouvelle économie des années 1990 ? L'engouement à cette époque pour les start-up tech relevait du délire, les investisseurs pariaient en masse sur cette nouvelle révolution industrielle et les jeunes entrepreneurs misaient sur les stock-options. Les levées de fonds et valorisations se sont chiffrées en multiples... de la perte qui s'en est suivie ! La bulle Internet a fini par exploser. À l'heure où nous écrivons ces lignes, le risque d'un nouvel effondrement encore plus massif est bien réel.

« dans ce monde du partage, rien n'est gratuit »

Gaspard Koenig, philosophe et président du think tank Génération libre, résume ce nouveau capitalisme en une formule laconique : « Dans ce monde du partage, rien n'est gratuit [3]. » Au lieu d'être concentrés entre quelques

1. « Tech Funding Trends in France 2017 », étude CB Insights, 2017.
2. Le terme « licorne » désigne une start-up valorisée plus de 1 milliard de dollars.
3. Gaspard Koenig, *Le Révolutionnaire, l'Expert et le Geek*, Paris, Plon, 2015.

groupes historiques, les revenus d'un secteur donné sont partagés entre des entreprises plus récentes, tout aussi puissantes. « On ne devrait plus parler de valeur partagée mais de valeur du partage, le mot “valeur” étant pris ici dans son sens pécuniaire et non philosophique, et encore moins philanthropique », précise Philippe Wattier en introduction de notre publication *Les dirigeants peuvent-ils faire l'économie du partage ?* Et d'illustrer : « Avant, on prenait un auto-stoppeur, maintenant on va sur Blablacar ; on prêtait sa perceuse ou sa tondeuse à gazon, on les met désormais sur Kiloutou ; [...] on donnait des vieux meubles à Emmaüs, ils seront vendus sur Leboncoin[1]. » Flairant la bonne affaire, même les plus vieilles institutions s'y mettent. La Poste n'a-t-elle pas récemment lancé le service « Veiller sur mes parents » ? Pour 19,90 euros par mois, le facteur viendra prendre un café avec votre grand-mère... L'essor des start-up, jeunes pousses, incubateurs ou autres grand-messes digitales s'est fondé sur la promesse d'une alternative au capitalisme. Mais le néocapitalisme a conquis la sphère privée et bénévole pour faire de l'esprit collectif une marchandise. La règle n'a pas changé. Seul le tapis de jeu diffère.

Ne surtout pas être dupes. « Qui dit nouveau stade du capitalisme dit aussi nouveau système de domination et de pouvoir[2] », avance Charles-Antoine Schwerer. Dans l'économie marchande du partage, les pairs se notent, s'évaluent et se contrôlent mutuellement. Léger et fluide en apparence. L'économiste décrypte : « Annoncé par

1. Clément Berardi, Julien Eymeri, Philippe Wattier (éd.), *Les dirigeants peuvent-ils faire l'économie du partage ?*, *op. cit.*
2. Ici et suivante : Charles-Antoine Schwerer, *Partage : le nouveau stade du capitalisme*, Lormont, Le Bord de l'eau, 2017.

Gilles Deleuze, le glissement des sociétés disciplinaires aux sociétés de contrôle se matérialise dans la douceur du partage. » L'économie collaborative n'avait-elle pas promis le retour de relations plus authentiques ? Armé d'identifiants et de mots de passe pour aborder cette terre du partage, chaque utilisateur - terme réducteur et révélateur - n'en est que moins humain, moins en lien. La logique néolibérale du partage feint de valoriser l'individu. Dans les faits, elle crée des communautés et segmente ses marchés ; elle isole plus qu'elle ne relie. Pour Alain Laurent, auteur d'une anthologie sur l'individualisme[1], « ce fameux individualisme consumériste tant vilipendé est un oxymore. [...] Nous vivons sans réfléchir dans une confusion lexicale généralisée, rien moins qu'innocente. C'est l'un des maux majeurs de ce nouveau siècle[2] ». Cette confusion lexicale s'applique également à l'économie du partage. N'y a-t-il pas quelque chose de suspect à voir les thématiques de l'audace et du bonheur à la « mode start-up » saturer les revues managériales et susciter chaque jour leur lot d'idées inégalement prometteuses par des jeunes entrepreneurs qui bûchent jour et nuit sur leur concept ? À qui profite le partage ? Mirage du partage...

1. Alain Laurent, *L'Autre Individualisme : une anthologie*, Paris, Les Belles Lettres, 2016.
2. Catherine Golliau, « Vive l'individualisme ! », entretien avec Alain Laurent, *Le Point*, 23 novembre 2016.

le mirage des start-up

Parce que nous croyons à la vertu de la rencontre *in real life*, nous sommes partis confronter nos points de vue avec des entrepreneurs aux quatre coins de la planète. Nous avons échangé avec plus d'une centaine de start-upers. Nous avons admiré leur énergie toujours, leur impertinence souvent, leur arrogance parfois. Mais nous avons aussi perçu une forme de dissonance : des discours trop formatés pour être réellement innovants, une place prépondérante de l'argent par rapport aux projets, une course contre la montre et parfois de la vacuité. La jeunesse ne pardonne pas tout. Dans leur ouvrage *Start-up, arrêtons la mascarade : contribuer vraiment à l'économie de demain* [1], Nicolas Menet, sociologue et directeur général de Silver Valley, et Benjamin Zimmer, fondateur de Silver Valley et membre de Oui Care, rappellent qu'« à l'origine, les start-up voulaient changer le monde. Si elles l'ont en effet modifié, elles ont surtout créé de nouvelles structures capitalistes ». Après la crise financière de 2008, écrivent les auteurs, « monter sa start-up digitale ne coûte presque plus rien car la technologie est presque gratuite et l'argent est disponible car les crises ont mis sur le marché des capitaux en abondance ». Nous nous sommes souvent demandé si les start-upers étaient de réels entrepreneurs ou de nouveaux mercenaires. À la fin du XXe siècle il fallait être trader, au début du XXIe il faut être start-uper. Un habit différent, une logique similaire : l'attrait pour le gain rapide.

1. Nicolas Menet et Benjamin Zimmer, *Start-up, arrêtons la mascarade : contribuer vraiment à l'économie de demain*, Paris, Dunod, 2018.

les start-up sont-elles autre chose que des produits financiers ?

Comment se fait-il qu'il n'y ait jamais eu autant d'argent pour financer des start-up ? En réalité, la métamorphose du capitalisme qui s'est opérée ces trente dernières années, et dont on parle couramment en termes de financiarisation de l'économie, poussée par l'épargne de masse, a motivé les entreprises à spéculer toujours plus, avec l'apparition de fonds de pension et d'investissement faisant la pluie et le beau temps sur les places financières. Si les entreprises veulent grandir et s'imposer, elles doivent nécessairement attirer ces fonds, souscrire éventuellement à des augmentations de capital, mais surtout faire monter les cours. Maîtrisant les codes de l'innovation et entretenant une attente autour d'une promesse de rupture et de jamais-vu, elles peuvent donc faire rêver les investisseurs, promettre des gains élevés aux épargnants, orienter le consensus du marché et, avec lui, l'afflux de capitaux. « Pour les gestionnaires de l'épargne de masse, l'innovation donne une possibilité d'assumer les promesses de rente auprès d'une population croissante de rentiers. Elle fait espérer une croissance décuplée, donc une possibilité de créer de la richesse, pour davantage de bénéficiaires. Elle repousse toujours plus loin l'horizon de la promesse [1]. »

Le problème, c'est que cette spéculation produit inévitablement un effet de concentration des fonds financiers sur quelques licornes, les plus grosses, les plus célèbres, privant au passage de nombreuses start-up et autres entreprises innovantes qui n'ont pas l'heur de plaire aux humeurs du marché. Cette « compétition spéculative » a

1. Pierre-Yves Gomez, *Le Travail invisible*, *op. cit.*

des effets désastreux sur l'innovation. D'une part, elle n'est dirigée que par des indicateurs chiffrés, des ratios, des pourcentages et des supputations sur les revenus futurs qui fondent pour autant dès aujourd'hui leur valeur boursière. D'autre part, elle méprise la qualité intrinsèque, et bien réelle, de centaines et milliers d'idées qui n'auront pas les moyens d'émerger, faute de financement.

Abstraction quantitative d'un côté, accélération de l'autre : un cocktail détonant ! Car en effet, la fascination pour l'innovation est devenue telle qu'elle a été détournée de son sens premier : « L'innovation est un dépassement des limites de l'objet produit pour le rendre plus utile ou mieux utilisable. La course à l'innovation est autre chose : c'est le dépassement de l'innovation du concurrent, de manière à faire mieux que lui [1]. » Devenue l'« amphétamine de l'économie », cette nouvelle passion collective contredit Joseph Schumpeter et détruit finalement plus de valeur qu'elle n'en crée, puisque les produits, très vite déclassés par de nouveaux, ne valent plus rien quelques mois après leur sortie. Moins que le produit lui-même, c'est l'injonction à toujours proposer mieux que le concurrent qui importe. Et c'est la planète qui trinque : il suffit d'aller faire un tour dans les mines de cobalt en République démocratique du Congo ou dans les « villages du cancer » en Chine pour réaliser que notre appétit pour le smartphone dernier cri n'est pas sans conséquence environnementale et sociale sur des populations invisibles dans notre quotidien [2].

1. *Ibid.*
2. Guillaume Pitron, *La Guerre des métaux rares : la face cachée de la transition énergétique et numérique*, Paris, Les Liens qui libèrent, 2018.

les codes du travail réinventés

La société numérique dessine un nouveau monde du travail, repense l'espace et le temps. Du simple open-space accueillant des travailleurs indépendants en coworking à ces incubateurs et accélérateurs pour start-upers, en passant par des bâtiments entiers de haut standing sélectionnant leurs membres et leur offrant une multitude de services et même du *coliving*, les lieux de travail se réinventent sous des formes multiples, offrant toujours plus de nomadisme. Les grandes villes proposent leurs cartes et guides du coworking. Dans ces ruches, on se sent comme chez soi. Canapés, sièges colorés, espace convivial, approche ludique, tous les ingrédients sont réunis pour stimuler la créativité, fertiliser les projets. De plus en plus, ces espaces se transforment en véritables entreprises, avec leurs bureaux à l'étranger, leur culture propre, leurs départements, leurs programmes de formation, etc. L'esprit de travail devient la raison de se réunir pour produire de tout, pour accélérer ensemble. On pense bien sûr à WeWork, Spaces ou à la version luxe et tendance du NeueHouse. Tour de force : ces nouvelles sociétés se révèlent si attrayantes que l'on cotise pour en faire partie. On est loin du business « à l'ancienne ». Dans la grande entreprise, on ne choisit pas un rapport au monde, on s'acculture de force. En entreprenant, on est soi-même, avec sa communauté, la source du sens - peu importe ce que l'on fait concrètement. En effet, les jeunes entrepreneurs n'aspirent pas forcément à créer un service de conciergerie participative, ni à développer une offre de livraison de repas de chefs. Ils souhaitent entreprendre. Au-delà de la revendication d'autonomie, ils sont attirés par un style de vie, une esthétique. Inutile de préciser que vie professionnelle et vie privée sont pour eux intimement liées.

Les artisans du numérique se regroupent, eux, dans des « tiers-lieux » (*fab labs*, *makerspaces*) pour travailler et innover autrement, selon le principe du *do it yourself*. Adeptes du faire, ces *makers* ont donné naissance à l'imprimante 3D. Dans ces communautés de partage et d'entraide, chacun peut se familiariser avec la programmation, le codage et la fabrication à partir de son ordinateur et d'une connexion Internet. Dans leur ouvrage *Makers : enquête sur les laboratoires du changement social*, les sociologues Isabelle Berrebi-Hoffmann, Marie-Christine Bureau et Michel Lallement plongent au cœur de ces espaces qui tiennent davantage du garage que du laboratoire R&D. Pour les chercheurs, « le monde *maker* n'est ni l'expression d'une nouvelle ère du vide, ni le bras armé d'un nouveau capitalisme intriguant [1] ». Au contraire, ce mouvement se développe à l'échelle planétaire, en réponse au capitalisme. « En s'attaquant comme les *hackerspaces* au système actuel d'obsolescence programmée, en inventant des réseaux où circulent librement les savoir-faire, le mouvement *maker* s'inscrit clairement à rebours du capitalisme "vertical" – celui des multinationales et de la consommation de masse [2] », précise Isabelle Berrebi-Hoffmann.

Finalement, il n'a sans doute jamais été aussi facile qu'aujourd'hui de travailler pour soi-même de n'importe

1. Isabelle Berrebi-Hoffmann, Marie-Christine Bureau et Michel Lallement, *Makers : enquête sur les laboratoires du changement social*, Paris, Le Seuil, 2018.
2. Laure Cailloce, « Des *makers* aux *fab labs*, la fabrique du changement », entretien avec Isabelle Berrebi-Hoffmann, *CNRS Le Journal*, 19 avril 2018.

où dans le monde, ou encore de créer son entreprise. Les plates-formes de free-lances se multiplient, qui jouent les entremetteuses entre les nomades digitaux et les clients. Certaines sont entièrement dédiées aux grands groupes. Une tendance de fond s'amorce. 50 % des actifs américains seront free-lances d'ici à 2027[1]. Nous avions déjà pointé cette réalité en cours dans une précédente publication : « On estime que d'ici fin 2020 le taux de travailleurs indépendants vivant de l'économie du partage pourrait atteindre aux États-Unis 40 % de la population active. En termes de chiffre d'affaires généré, cette nouvelle économie représentait un revenu de l'ordre de 15 milliards de dollars en 2013 contre 240 milliards pour l'économie traditionnelle. On estime qu'en 2023 les courbes vont se croiser, chaque secteur générant 335 milliards avec au passage un facteur multiplicatif de 2,6 sur la période, qui tendrait à prouver que cette nouvelle forme d'échanges crée bien de la valeur au-delà de son propre secteur[2]. »

comme une start-up...

L'univers collaboratif attire les dirigeants qui rêvent de troupes plus agiles, plus innovantes. Mais on ne dirige pas une société de 100 000 personnes comme une start-up. Question de tempo, entre autres. Le rapport au temps y est moins contraint. Du moins, pourrait l'être. Devrait l'être.

1. « Freelancing in America : 2017 (FIA) », enquête annuelle d'Upwork et du syndicat Freelancers Union, 2017.
2. Clément Berardi, Julien Eymeri, Philippe Wattier (éd.), *Les dirigeants peuvent-ils faire l'économie du partage ?*, *op. cit.*

Par ailleurs, les grandes entreprises ne comptent pas se laisser dépasser par les jeunes pousses. Certaines tentent de les concurrencer sur leur terrain. Quelle grande entreprise aujourd'hui n'a pas lancé ses propres start-up, sans compter les milliers d'autres qu'elle a financées ? Les salons de VivaTech en sont pleins, au risque bien souvent de confondre communication et innovation.

Pour rester à la pointe de l'innovation et cultiver leur image tech, les entreprises accueillent incubateurs, accélérateurs et autres *labs*. L'heure est aujourd'hui à la collaboration entre les deux *business models* sur de nombreux sujets : processus d'achats, partenariats de distribution, pratiques de codéveloppement, innovation ouverte, investissements, acquisitions. Proches des start-up, les entreprises se familiarisent avec l'expérimentation, les phases de test et surtout le droit à l'erreur. Et les jeunes pousses, adossées aux grands groupes, bénéficient d'une puissance financière et d'une couverture internationale. L'étude David avec Goliath « Et si on travaillait mieux ensemble ? »[1] porte sur les alliances entre grandes et jeunes entreprises. Ces dernières soulignent la perte de temps, l'inertie, le manque de flexibilité des *corporates*. Ce serait la fable du « bœuf qui se veut faire aussi fin que la grenouille ».

la fausse « coolitude »

Derrière une façade attractive, les coulisses de la planète start-up sont parfois bien peu reluisantes. Et n'ont rien à

1. Étude David avec Goliath « Et si on travaillait mieux ensemble ? », réalisée par Raise et Bain & Company, 2017.

envier au « grand méchant capitalisme » tant décrié. Quand nous rencontrons un start-uper – et nous en avons rencontré en nombre –, de quoi nous parle-t-il ? De sa dernière levée de fonds. Et si nous lui demandons quelles sont les prochaines étapes de son projet ? Un nouvel appel de fonds. À se demander parfois si nous n'avons pas affaire aux nouveaux camelots des marchés d'antan. Quant aux pratiques managériales de ces jeunes entreprises, elles relèvent parfois d'un autre âge : micro-management, verticalité, esprit de sérieux déroutant, titres ronflants, application de méthodes toutes faites directement sorties du dernier livre à la mode, affichage à côté de la photographie de l'employé du mois des prétendues valeurs de l'entreprise. Dans *Bienvenue dans le nouveau monde : comment j'ai survécu à la coolitude des start-ups*[1], Mathilde Ramadier alerte sur ce malentendu : « Derrière l'utopie riche de promesses humanistes vendues par la startupsphère se cache en réalité un ultralibéralisme féroce et encore trop peu redouté : un mélange de fascination pour les technologies de l'information, dont les progrès sont fulgurants, et de soumission perverse à la nouvelle économie et aux réseaux sociaux, dans lequel l'individu, sa parole, ses aspirations et son esprit critique n'ont plus de place. Seul l'ego a encore un rôle à jouer[2]. » Son réquisitoire dépeint cet univers 2.0 comme le reflet du capitalisme sauvage. Un capitalisme que nous percevons de plus en plus comme liberticide et qui, sous couvert de « coolitude » et d'aspiration à changer le monde, masquerait le désir profond de gagner le

1. Mathilde Ramadier, *Bienvenue dans le nouveau monde : comment j'ai survécu à la coolitude des start-ups*, Paris, Premier Parallèle, 2017.
2. *Ibid.*

plus rapidement possible suffisamment d'argent pour sortir de ce monde insensé. La dédicace de son livre finit d'enfoncer le clou : « À mes amis qui ont cessé de croire au mirage. À tous ceux qui y croient encore. » Mirage des start-up...

le mirage de l'intelligence artificielle

Peut-on encore parler de science-fiction lorsque, dans le monde réel, les robots décèlent les cancers plus vite que les radiologues, les machines battent les plus grands au jeu de go, les armes sont pilotées par des logiciels et les voitures évoluent au point de se passer de chauffeur ?

Selon l'*Artificial Intelligence Index*[1] publié en 2018, entre 2015 et 2018, le nombre de start-up spécialisées en intelligence artificielle (IA) a crû presque deux fois plus vite que le nombre total de start-up. Et si l'IA était la nouvelle frontière, le nouvel eldorado de la croissance qui nous manque tant ? Entre fantasme apocalyptique et utopie merveilleuse, cette intelligence dite artificielle ne laisse personne indifférent. Pour nombre de dirigeants, elle représente même un tournant stratégique à ne pas manquer. Ne nous méprenons pas, notre regard plus que nuancé sur l'avènement d'une croissance « revitaminée » à l'IA n'est en aucun cas une critique des nécessaires travaux de recherche sur l'amélioration du travail des machines et les enjeux économiques, sociaux et écologiques que cela recouvre. Nous savons que l'histoire de nos sociétés et de leur développement économique est intimement liée à la relation de l'homme à la machine, depuis le silex taillé jusqu'à AlphaGo[2]. Ce que nous interrogeons, c'est la signification même d'une pensée

1. *L'Artificial Intelligence Index* est publié chaque année par un groupe de chercheurs du MIT de Stanford et de Harvard.
2. Programme informatique capable de jouer (et de gagner) au jeu de go, notamment grâce à des techniques d'apprentissage automatique.

stratégique qui se fonderait sur les promesses de l'intelligence artificielle, sur un monde où l'automatisme prendrait le pas sur l'incertitude, où le passé éprouvé vaudrait plus que le futur hasardeux, où finalement le plus rationnel gagnerait toujours sur le plus intuitif. Comme le rappelle judicieusement Antonio A. Casilli dans son dernier ouvrage [1], l'IA soulève des questions stratégiques et organisationnelles trop souvent éludées par les dirigeants ; il est essentiel que ceux-ci s'y confrontent avec honnêteté.

un nouvel esclavagisme déguisé en libération

Quel avenir offre l'intelligence artificielle ? Un monde où l'humanité aurait délégué aux machines la plus grande part des tâches répétitives de la vie quotidienne, où les dirigeants auraient la garantie d'une nouvelle croissance, et les citoyens la certitude de pouvoir vivre d'un revenu dissocié du travail, donc l'opportunité de dédier leur vie à s'élever vers une humanité supérieure. Gare à ne pas verser dans le simplisme ou le manichéisme. La disparition du travail humain n'est pas encore à l'ordre du jour, comme l'annoncent les fervents défenseurs de l'IA qui pensent, à l'instar d'Alan Turing [2] à son époque, que l'homme, pour une grande part, est une machine comme une autre et qu'un nombre important de tâches qui lui incombent pourraient être accomplies par des robots. Nous pensons qu'il faut garder à l'esprit ce que disait Ludwig Wittgenstein à propos des machines de Turing :

1. Antonio A. Casilli, *En attendant les robots*, Paris, Le Seuil, 2018.
2. Alan Turing (1912-1954) est un mathématicien et cryptologue britannique qui a travaillé sur l'un des tout premiers ordinateurs, puis contribué au débat sur la possibilité de l'intelligence artificielle.

« Les machines, ce sont à proprement parler les hommes qui calculent[1]. »

« Les humains vont-ils remplacer les robots ? » Le titre de la matinale de France Culture le 31 janvier 2019 soulignait avec pertinence la question posée par la montée en puissance de l'intelligence artificielle. Comme le pointe Antonio A. Casilli, derrière la machine il y a des hommes et des femmes, beaucoup d'hommes et de femmes, qui sont au service de l'algorithme. Qu'il s'agisse d'« usines à clics », de « dresseurs d'IA » ou autres « nettoyeurs du Web », partout dans le monde ces humains aident la machine, l'entraînent et se font parfois passer pour un robot[2]. Il est en effet encore bien moins coûteux de payer une personne pour reconnaître un chat sur une photographie que de développer un algorithme capable de le faire. Pour quelques centimes par clic, « les humains volent le job des robots », réalisant ce que le sociologue appelle la « tâcheronnisation », une forme de néotaylorisme appliquant une nouvelle division du travail[3]. C'est ainsi que de nombreuses start-up qui prétendent utiliser des solutions automatisées s'appuieraient en réalité sur ces « travailleurs du clics » aux quatre coins du monde. Il faut donc se garder de penser que l'IA est systématiquement un progrès alors qu'elle reste encore bien souvent une simple digitalisation des tâches permettant de faire faire à des travailleurs « pauvres » ce que

1. Ludwig Wittgenstein, *Remarques sur la philosophie de la psychologie*, Paris, Éditions TER, 1989.
2. Ces tâches utiles au bon fonctionnement des machines peuvent ainsi consister à interpréter des voix humaines, à reconnaître des images ou bien encore à retranscrire des tickets de caisse.
3. Par exemple, l'Amazon Mechanical Turk, plate-forme créée en 2006 et qui compte à ce jour plus de 500 000 travailleurs dans le monde payés à la microtâche.

d'autres travailleurs produisaient encore dans de meilleures conditions. Dans ce sens, l'intelligence artificielle est un mirage ; elle n'est finalement que le prolongement de vieilles recettes de délocalisation d'activités vers des zones de bas coûts salariaux.

Nous ne prônons pas un rejet de la machine en elle-même, ni ne contestons l'attrait de supercalculateurs qui peuvent seconder l'humanité dans sa quête d'un monde meilleur. Leurs apports sont essentiels pour mieux prévoir les phénomènes climatiques, pour explorer l'immensément petit ou l'immensément grand, pour comprendre les transformations économiques et sociales de notre monde. Pour autant, nous croyons que l'intelligence artificielle, promue dans un grand nombre d'entreprises comme un incontournable de la pensée stratégique de demain, n'est rien d'autre que la continuation du monde d'hier qui a préféré le *downsize & distribute* (la réduction des effectifs et la distribution des dividendes) au principe plus ancien – et que nous croyons aujourd'hui plus prometteur – du *retain & invest* (retenir les talents et investir sur l'avenir), seule stratégie réellement porteuse d'une vision de long terme. Il s'agit donc d'investir dans des machines qui peuvent réellement seconder le travail humain et non dans des systèmes qui vendent, sous couvert d'une prétendue intelligence, de nouvelles formes d'*offshoring*[1] et d'abêtissement du travail humain au service desdites machines.

1. Principe d'externalisation vers des entreprises localisées à l'étranger, très souvent, pour bénéficier de moindres coûts salariaux, d'une fiscalité plus faible ou d'une réglementation réduite.

un enjeu éthique

Les systèmes d'intelligence artificielle nécessitent non seulement une armée de travailleurs du clic, mais aussi et surtout une quantité phénoménale de données, nouvel eldorado économique dominé de la tête et des épaules par les Gafam[1] et leurs homologues chinois que sont Baidu, Alibaba, Tencent ou Xiaomi (Batx). Il est ainsi très probable que les leaders à venir de l'IA émergeront des pays ou des zones géographiques qui seront les plus permissifs, c'est-à-dire intrusifs dans la vie quotidienne de leurs concitoyens, récoltant le maximum de données utiles au système. La Chine offre ce cadre propice et aide au développement de nombreuses applications de notation individuelle permettant de déléguer aux machines non seulement la surveillance permanente de la population, mais aussi l'accès à certains services (transports publics, logements sociaux et formalités de prêts) en fonction de la « note sociale » (résultante de comportements jugés bons ou mauvais) de chaque individu. En outre, est-il bien démocratique que votre moteur de recherche « intelligent » en arrive bientôt à ne plus vous proposer des candidats de couleur parce qu'il aura compris que, pour votre recrutement, vous ne visionnez sur LinkedIn que des profils blancs ? Sur le plan de la vie privée, l'ère d'un *1984*[2] numérique est-elle souhaitable ? Cette toute-puissance de la data ne s'inscrit-elle pas à contre-courant du droit à la déconnexion, et de son corollaire, le droit à une certaine décélération ?

1. Google, Amazon, Facebook, Apple, Microsoft.
2. En référence au célèbre roman d'anticipation de George Orwell, publié en 1949, décrivant un régime de type totalitaire où toutes les pensées sont minutieusement surveillées, comme le rappelle le slogan « *Big Brother is watching you* ».

L'usage que certaines entreprises font des données de leurs clients, salariés, fournisseurs pour alimenter leurs machines « intelligentes » met en jeu leur responsabilité. Il est grand temps de reconsidérer le pacte de confiance noué avec chacune de ces parties prenantes à l'aune de la montée en puissance des algorithmes. Toutefois, ne nous faisons aucune illusion. La protection des données individuelles mise en place en Europe avec le règlement général sur la protection des données (RGPD) ne freinera pas la gourmandise des machines – et de leurs auteurs –, toujours plus intelligentes, en matière de données individuelles. Dans la société de surveillance, chaque individu ne maîtrise en réalité que très peu des données qui peuvent affecter son quotidien, comme l'a expliqué Katarzyna Szymielewicz, cofondatrice et présidente de la fondation Panoptykon, une association polonaise de défense des libertés individuelles et des droits de l'homme [1]. En effet, si l'on peut à peu près contrôler les données partagées volontairement dans les diverses applications ou réseaux sociaux, aucune visibilité n'est possible sur les données issues des observations faites par les machines sur les comportements individuels, comme les habitudes d'achat ou le positionnement géographique en temps réel. De même, comment savoir ce que les machines pensent de chaque individu, comment elles les catégorisent (la « personnalisation » des études marketing) et donc, finalement, par quels moyens elles vont tenter d'influencer leur vie. La prise de conscience de ces enjeux reste encore très inégale dans le monde, mais nous sommes convaincus qu'à l'image de la protection de

1. Katarzyna Szymielewicz, « Your digital identity has three layers, and you can only protect one of them », *Quartz*, 25 janvier 2019.

l'environnement, la protection de la vie privée sera l'une des grandes batailles des années à venir. Quelle valeur doit-on donner à une promesse de croissance économique qui risque fort de se faire au dépend de notre liberté et selon une logique implacable visant à renforcer les contrôles algorithmiques sur nos vies quotidiennes ? Pensez-vous réellement que les citoyens et les consommateurs se laisseront faire ? Rien n'est moins sûr car l'enjeu n'est pas tant le combat de l'homme contre la machine que le rejet de plus en plus vivace d'un évangile technophile qui voudrait nous faire croire à la supériorité générale de la technique sur l'humain.

un défi écologique

Le rapport français piloté par Cédric Villani sur l'intelligence artificielle[1], rendu public en mars 2018, le rappelait très justement : le développement des outils et usages numériques aura un impact croissant sur l'environnement. Car derrière l'image idyllique d'un monde virtuel se cachent des infrastructures bien réelles, des câbles, des entrepôts de données, des quantités astronomiques d'objets encore très faiblement recyclés et contenant des métaux rares au coût écologique significatif. Sans compter la croissance exponentielle de la consommation électrique que suppose le bon fonctionnement de cet écosystème technologique. Greenpeace estimait en 2017 qu'Internet représentait 7 % de la consommation électrique mondiale avec un taux de croissance de 12 % par an. Le numérique représenterait plus de 4 % des émissions de gaz à effet de serre (GES), soit davantage que le

1. Cédric Villani, « Donner un sens à l'intelligence artificielle », rapport de mission confiée par le Premier ministre Édouard Philippe, mars 2018.

transport aérien civil[1]. Les projections s'avèrent encore plus inquiétantes car l'empreinte écologique du réseau croît en permanence, du fait notamment de l'augmentation de notre consommation personnelle de données et du nombre d'utilisateurs à l'échelle mondiale. Rien n'est évidemment écrit et l'adoption de mesures responsables visant les usages numériques est toujours possible mais, là encore, il est temps que les dirigeants prennent conscience que la digitalisation de l'économie ne permettra pas de « raser gratis ». Loin d'être une mode, la sobriété numérique, dont s'est récemment saisie l'Ademe[2], vient rappeler que la nouvelle croissance promise par le développement de l'intelligence artificielle pourrait bien s'avérer un mirage si l'on ne prend garde au défi écologique que ces immenses usines à données vont imposer.

1. Selon l'étude « Pour une sobriété numérique », publiée le 4 octobre 2018 par The Shift Project, un think tank sur la transition carbone.
2. « La face cachée du numérique », rapport de l'Agence de l'environnement et de la maîtrise de l'énergie (Ademe), décembre 2017.

le mirage du bonheur

En voilà, un autre mythe de l'époque actuelle ! Avec le développement de l'individualisme comme paradigme fondamental des sociétés modernes, chacun est devenu redevable de tout, jusqu'à devoir même rendre compte de son propre bonheur. La quête de l'individu passe par l'assurance qu'il atteigne à tout prix une forme d'excellence : excellence professionnelle, physique et sportive, culturelle... Privé de limites, face à une infinité de possibles, chacun se doit désormais d'être hors du commun. Moins que de bien faire son travail, il s'agit d'être meilleur que les autres. Se dépasser, toujours plus loin, toujours plus fort, voilà la clé du bonheur. S'agit-il d'une simple manière de stimuler nos capacités ou bien l'imposition d'injonctions contradictoires pour tenter de garder la main sur un monde qui nous échappe ?

prendre soin de soi

Le philosophe belge Pascal Chabot se souvient : « Alors que je travaillais sur le *burn-out*, on m'expliquait cette pathologie comme un trouble de l'adaptation. [...] Or, l'adaptation n'est pas une fin en soi : nous ne nous adaptons pas pour être adaptés mais pour nous réaliser ! Le système évacue le problème en faisant comme si le fait de donner du sens à sa vie était une question purement privée, il ne nous demande qu'une chose : nous adapter. Or, ce qui s'adapte en nous, c'est notre moi, c'est-à-dire la part de notre être qui comprend les codes et s'y conforme, suit les procédures, les rituels de communication, etc. Ne le dénigrons pas trop vite, d'ailleurs, car il y a de la grandeur à bien fonctionner dans la société. Mais l'erreur, tragique, est de réduire l'individu à ce seul moi. Et d'oublier le soi [1]. » À ceux qui brandissent l'étendard de l'accélération pour résister à la menace d'une récession, Pascal Chabot propose de « refuser la fausse alternative entre le progrès technique et économique et la régression. Il existe, à côté de ce progrès utile, un progrès "subtil", plus conforme au temps cyclique naturel de la réalisation de soi. "Subtil" vient du latin *sub-tella*, "sous la toile". Ce progrès subtil est la trame de nos existences [2] ». La devise stoïcienne de son ouvrage *Exister, c'est résister : ce qui dépend de nous* [3], invite tout un chacun à un retour vers soi.

Dans leur for intérieur, et dans les faits, nombre de citoyens aspirent à davantage de lien, à un retour au réel, à un rythme plus humain. En témoigne le succès du film *Demain* [4], devenu phénomène de société, qui propose un horizon, celui des citoyens du monde qui agissent au lieu de se replier sur eux-mêmes. En témoignent également les initiatives locales et solidaires qui se multiplient dans les grandes villes et les campagnes. Se rencontrer autour d'un vide-grenier, dans un jardin partagé ou au *repair* café. Se frotter à l'altérité pour être présent au monde. Dans *Contact* [5], le philosophe-mécanicien Matthew B. Crawford

1. Pascal Chabot, *Global Burn-Out*, Paris, PUF, 2013.
2. Catherine Portevin, « En 2018, prenez plaisir à travailler grâce au philosophe Pascal Chabot », entretien avec Pascal Chabot, *Le Monde*, 29 décembre 2017.
3. Pascal Chabot, *Exister, c'est résister : ce qui dépend de nous*, Paris, PUF, 2017.
4. *Demain*, film réalisé par Mélanie Laurent et Cyril Dion, 2015.
5. Matthew B. Crawford, *Contact : pourquoi nous avons perdu le monde et comment le retrouver*, Paris, La Découverte, 2016.

invite à découvrir littéralement « le monde situé au-delà de votre boîte crânienne ». Dans son dernier essai [1], Hartmut Rosa va lui aussi dans le sens d'une sortie de soi. Il appelle ses lecteurs à « entrer en résonance avec le monde ». Se laisser toucher, interpeller. Répondre à cet appel, se laisser transformer. Et ce, de façon imprévisible. Une démarche à contre-courant de l'impératif de rentabilité, de maîtrise et de contrôle. Une approche qui peut résonner en nous, en vous, n'en déplaise aux thuriféraires de la société algorithmique.

à la recherche du sens perdu

« Et si vous changiez de vie [2] ? » À la fin de l'été 2018, l'interpellation directe de l'hebdomadaire *Le 1* traduit bien l'époque. « On peut changer de métier, de région, de pays. Changer de partenaire, de religion, de hobby ou de nom, de sexe aussi... », explique le journaliste Éric Fottorino pour introduire le thème du magazine, les reconversions professionnelles.

La trajectoire rectiligne de la carrière contemporaine s'est modifiée, à l'ère de l'« accélération sociologique [3] ». Les changements se font désormais au sein même d'une génération. La mobilité est survalorisée, quand il paraît dépassé, voire suspect, de ne pas évoluer dans son entreprise. L'époque célèbre les changements de parcours. Surtout ne jamais se figer ! Le mouvement, toujours. Cette injonction se décline en triptyque : s'accomplir

1. Hartmut Rosa, *Résonance*, Paris, La Découverte, 2018.
2. « Et si vous changiez de vie ? », *Le 1*, 29 août 2018.
3. Hartmut Rosa, *Accélération*, *op. cit.*

dans son travail, s'épanouir dans sa carrière, se sentir utile au quotidien dans son métier. On ne compte plus les revues, conférences, séminaires et autres coachings personnalisés qui font leurs choux gras de ces questions existentielles. Être à l'écoute de ses aspirations personnelles et se reconvertir, pourquoi pas ? Bien au contraire ! Mais que cela devienne le nouveau mantra de l'époque, qui plus est lucratif, c'est autre chose...

y a plus de jeunesse

Toutefois, c'est un fait, les reconversions se multiplient et ne concernent pas que les milieux de carrière. Dans une étude de 2015, l'Association pour l'emploi des cadres (Apec) précisait que 14 % des jeunes diplômés étaient en reconversion. « C'est un sujet qui dépasse la dimension générationnelle. Aujourd'hui, le monde va plus vite, et les règles du jeu du business ont changé. Ces sujets se cristallisent dans cette jeunesse qui vient percuter les modèles de management. La génération Y est un symptôme de la remise en cause des entreprises », explique Emmanuelle Duez[1]. La jeunesse d'une certaine élite se montre exigeante et décomplexée par rapport à ce qu'une entreprise peut lui apporter. Il devient courant qu'un « haut potentiel » quitte son poste pour réaliser un tour du monde ou s'engager dans une association. Contrairement à leurs aînés, ces jeunes n'envisagent pas d'exercer un métier alimentaire et de limiter leur épanouissement personnel au « hors-boulot ». Pour beaucoup, les critères

1. « La génération Y est un symptôme de la remise en cause des entreprises », entretien avec Emmanuelle Duez, in *L'Équation de la confiance à l'épreuve des faits*, Paris, Deloitte, 2015.

de motivation ne sont déjà plus la rémunération ou la promotion, mais les valeurs, l'ambiance de travail et l'intérêt de leur poste. Mais il ne faut pas confondre aspiration et réalisation. Parmi les jeunes, certains – « bien nés » et bien diplômés – se permettront de s'écouter, de quitter les grandes entreprises, voire de ne jamais y entrer, pour créer leur propre business. D'autres, au capital social et culturel moins élevé, pourront toujours rêver ; exclus du système, sans réseau, ils galéreront de petits boulots en petits boulots.

D'ici à 2025, les *millennials* représenteront près de 75 % de la population active dans le monde. Les plus pragmatiques resteront prêts à tout donner pour grimper dans l'organigramme. Les autres pourraient ne pas survivre dans un environnement jugé peu compatible avec leurs aspirations. Une part de la nouvelle élite ne veut plus se sacrifier sur l'autel de la croissance et de l'accélération, mais concilier business et engagement sociétal. La plateforme « Fuyons la Défense – Ils ne nous méritent pas » traduit cet état d'esprit. Le site relaie des offres de « jobs excitants » dans les start-up et entreprises de l'économie sociale et solidaire, en France ou à l'étranger. « Faites le grand saut : devenez manager d'un hôtel de luxe au bord de l'eau », « Métro, boulot, dodo, c'est fini : devenez chef de projet pour une marque sexy » : voilà les accroches qui parleraient aux jeunes.

« la révolte des premiers de la classe »

Autre phénomène révélateur, les cols blancs, diplômés de Science-Po ou de HEC, quittent les open-spaces pour devenir pâtissiers, fromagers, bistrotiers ou menuisiers. Retour de balancier des *bullshit jobs*. Retour au réel, au concret surtout. Le site de recrutement Cadremploi, destiné à tous les cadres et postes à responsabilité, a récemment lancé une campagne de publicité dont la signature arbore l'injonction suivante : « Ayez l'ambition d'être heureux ». Sur leurs affiches, on peut lire « Rendez vos potes jaloux, changez de job, démissionnez », ou encore « Retrouvez le sens de l'humour »... Jean-Laurent Cassely décrypte avec brio et sans fard ce phénomène dans *La Révolte des premiers de la classe : métiers à la con, quête de sens et reconversions urbaines*[1]. « Ces nouveaux entrepreneurs marquent peut-être le renversement des critères du prestige en milieu urbain », analyse le journaliste. « C'est autant dû au fait que tu t'emmerdes devant un *powerpoint* qu'à l'influence de la pop culture. De *The Office* au *Message à caractère informatif*, cela fait vingt ans que des séries et des programmes télé se foutent de la gueule des gens qui travaillent dans des bureaux, ces derniers se retrouvent extrêmement dévalorisés. [...] C'est juste que les critères évoluent et que ce qui était ringard hier (les métiers manuels, l'ancrage local, la communication en face-à-face) connaît un retour en grâce en pleine révolution numérique[2]. » Selon l'essayiste, ces anciens héros de la mondialisation, devenus « néo-artisans, sont avant tout des marchands de symboles. D'ailleurs, ce ne sont pas seulement des producteurs, des manuels, mais aussi [...] des gens qui manipulent des idées, comme dans leurs

1. Jean-Laurent Cassely, *La Révolte des premiers de la classe : métiers à la con, quête de sens et reconversions urbaines*, Paris, Arkhê, 2017.
2. Ici et suivantes : « S'emmerder au travail n'est pas réservé aux bobos en quête de sens », entretien avec Jean-Laurent Cassely, *Uzbek & Rica*, 19 juillet 2017.

anciens métiers. Il y a une course à l'authenticité maximale dans la présentation des produits, une forme de *storytelling*, pas forcément consciente, dans laquelle excellent ces individus. Le client n'achète alors pas simplement un produit, mais les valeurs qui vont avec, ce qui permet souvent, au passage, d'augmenter les prix ». Doit-on y lire une remise en cause du capitalisme ? Jean-Laurent Cassely répond : « Les premiers de la classe questionnent le capitalisme, ses excès, ses méfaits sur l'environnement, critiquent le caractère peu authentique de ses productions, plutôt qu'ils ne le contestent en principe. D'ailleurs, ils ont une forte capacité à capter les nouvelles attentes du consommateur et à renouveler les modèles de consommation, en véhiculant ce fameux sens qu'ils recherchent dans le cadre de leur travail. »

Start-uper ou cadre reconverti en épicier bio, ces deux profils devraient alerter. Tous deux fuient les cadences infernales dénuées de sens des grandes entreprises. Ne connaissant pas le « ou », ils veulent du temps « et » de l'argent. Le bonheur serait-il enfin à portée de main ?

quand le sens devient un marché porteur

Obéissant à la loi de l'offre et de la demande, le marché a rapidement répondu à la recherche de sens. Revenir quelques décennies en arrière permet de comprendre comment cette quête de sens, louable, et souhaitable, pour toute personne, s'est peu à peu transformée en injonction.

Les années 1980 ont célébré l'individu. Le résultat – la fragilisation dudit individu – se trouve formidablement bien résumé par les titres de trois ouvrages d'Alain Ehrenberg : *Le Culte de la performance*, *L'Individu incertain*, *La Fatigue d'être soi*[1]. « Enjoint de décider et d'agir en permanence dans sa vie privée comme professionnelle, l'individu conquérant est en même temps un fardeau pour lui-même. Épanouissement personnel et initiative individuelle sont les deux facettes de cette nouvelle règle du jeu social[2]. » Trente ans après, cette analyse du sociologue reste d'une criante actualité.

Au tournant des années 2000, la quête de soi, portée par la psychologie positive venue d'Amérique, s'est traduite en quête du bonheur. Les ouvrages de développement personnel envahissent les librairies ; les marchands de mieux-être investissent les médias et les applications pour smartphones délivrent leur leçon zen quotidienne. Il faut surveiller son alimentation, quantifier ses relations sur les réseaux sociaux, paramétrer ses activités physiques. L'individu, replié sur lui-même, désintéressé de tout ce qui ne le regarde pas, est seul responsable de ses succès et de ses échecs. Dans *Le Syndrome du bien-être*[3], le Suédois Carl Cedeström et le Néo-Zélandais André Spicer, deux professeurs d'économie, explicitent le paradoxe : « Le bien-être n'apparaît plus comme un idéal auquel nous pouvons librement choisir d'aspirer, mais

1. Alain Ehrenberg, *Le Culte de la performance*, Paris, Calmann-Lévy, 1991 ; *L'Individu incertain*, Paris, Calmann-Lévy, 1995 ; *La Fatigue d'être soi : dépression et société*, Paris, Odile Jacob, 1998.
2. Alain Ehrenberg, *La Fatigue d'être soi*, *op. cit.*
3. Carl Cedeström et André Spicer, *Le Syndrome du bien-être*, Paris, Éditions L'Échappée, 2016.

bien comme un impératif moral qui a fini par se retourner contre nous. » Et d'élever la réflexion à l'échelle du collectif : « Pendant ce temps, qu'advient-il du reste de la population – sous-entendu celle qui ne peut pas se payer le luxe de boire des smoothies frais tous les matins, de faire appel aux services d'un coach minceur ou de prendre des cours particuliers de yoga ? »

Et si, mieux que de chercher le bien-être, on pouvait trouver le bonheur ? Dans *Happycratie : comment l'industrie du bonheur a pris le contrôle de nos vies*[1], la sociologue Eva Illouz et le docteur en psychologie Edgar Cabanas dénoncent la « tyrannie du bonheur », devenue norme sociale de tous les champs de notre vie : le travail, la sexualité, la santé, l'alimentation, le sommeil, etc. Selon eux, « le portrait-robot de la personne heureuse correspond point par point au portrait idéal du citoyen néolibéral[2]... » Tiens, le retour du marché... Le bonheur se gère comme « une marchandise émotionnelle qui génère des milliards de dollars dans le monde. Elle a pour particularité d'être à la fois produite et consommée par le sujet, et renouvelable tout au long de la vie[3] ». Le business s'est emparé de la quête du moi.

l'entreprise, nouvelle aire de jeux ?

Heureux comme un salarié au travail... L'image contraste fortement avec celle de collaborateurs épuisés, démotivés,

1. Eva Illouz et Edgar Cabanas, *Happycratie : comment l'industrie du bonheur a pris le contrôle de nos vies*, Paris, Premier Parallèle, 2018.
2. « Sois heureux et travaille », entretien avec Eva Illouz, *Télérama*, 12 septembre 2018.
3. *Ibid.*

en *burn-out*, reliés à leur travail par une « laisse électronique » et évalués selon « leur capacité sacrificielle[1] ». Au lieu d'attaquer le problème à la source – donc de proposer du sens et de l'adhésion –, les entreprises gèrent les symptômes. Il y a quelques années, la bienveillance avait envahi les discours des décideurs. Aujourd'hui, le bonheur est à l'ordre du jour. Les *chief happiness officers* sont apparus dans les organigrammes... qu'on se rassure.

L'entreprise devient « le » lieu de vie. Déposer son enfant à la crèche le matin après avoir badgé, cueillir un fruit dans la corbeille de l'open-space pour booster son inspiration, s'offrir une manucure ou un cours de yoga à l'heure du déjeuner, manger des bonbons Haribo en réunion, jouer au baby-foot à la pause, fêter les anniversaires, les arrivées, les départs, déposer ses vêtements à la conciergerie pour le pressing, récupérer son panier bio le vendredi, etc. Détrompez-vous, il ne s'agit pas du monde des start-up, mais de scènes de la vie quotidienne des grandes entreprises. C'est pour mieux te garder, mon salarié...

Les tours de la Défense n'ont plus la cote, réduction des coûts oblige. Les grandes entreprises préfèrent loger leurs salariés dans d'immenses campus à l'américaine, souvent implantés le long du périphérique. Dans cet environnement, tout est conçu et prévu pour le confort et la productivité, sans oublier les économies générées. La tendance est au *flex office*, soit l'absence de bureau personnel. Les espaces de travail sont aménagés selon les besoins ou les

1. Selon Jean-Claude Delgenès, fondateur du cabinet Technologia, France Inter, 20 septembre 2018, commentant la 10ᵉ édition du baromètre Malakoff-Médéric « Santé et bien-être des salariés », 2018.

humeurs - se concentrer, chercher l'inspiration, se réunir, « brainstormer », organiser une *conf' call.* Open-space ou bulle tout en transparence, le collaborateur doit avoir le choix. Qu'il se rassure, il reste observable partout. C'est pour mieux te (re)garder, mon salarié...

« Le management adulte et responsable fait moins de l'aménagement de son territoire que de l'autonomie de ses salariés la condition première de son efficacité. Mais aujourd'hui la mode est au *fun* », analysent Nicolas Bouzou et Julia de Funès, auteurs de *La Comédie (in)humaine*[1]. Les grandes entreprises se leurrent. Singeant les start-up dans l'aménagement de l'espace, elles croient en dupliquer l'ADN. C'est oublier que les nouveaux entrepreneurs, bien qu'installés dans des espaces de coworking, ne s'inscrivent plus dans le salariat, ni n'obéissent aux mêmes règles du jeu économique.

Le jeu gagne l'entreprise. Une véritable « injonction au bonheur[2] » se propage. Eva Illouz décrypte cette tendance : « L'aptitude à la félicité s'est transformée en qualité professionnelle à part entière, jugée souvent plus désirable par l'employeur que la compétence ou la qualification réelle[3]. » La quête personnelle de sens répond aux nécessités fonctionnelles des entreprises. Selon une étude menée par l'université de Warwick[4] (Royaume-Uni), être heureux permettrait d'augmenter la productivité de 12 %. Alexandre Jost, fondateur de La Fabrique

1. Nicolas Bouzou et Julia de Funès, *La Comédie (in)humaine : pourquoi les entreprises font fuir les meilleurs*, Paris, Éditions de l'Observatoire, 2018.
2. Edgar Cabanas et Eva Illouz, *Happycratie*, *op. cit.*
3. « Sois heureux et travaille », art. cit.
4. Andrew J. Oswald, Eugenio Proto, Daniel Sgroi, « Happiness and productivity », *Journal of Labor Economics*, 2015.

Spinoza, le « think tank du bonheur citoyen », explique : « À 38 °C de fièvre, un collaborateur qui se sent bien professionnellement viendra malgré tout travailler. À une époque de recherche de compétitivité, le chemin du bien-être [...] offre une opportunité inexplorée[1]. » Aujourd'hui, les recruteurs mettent en place des *escape games* pour tester les candidats sur leur esprit d'équipe, leur aptitude en matière d'organisation, de créativité, de leadership et de gestion du temps. Les managers invitent leurs troupes en séminaire au vert pour repenser l'organisation à travers des *serious games*. Les salariés ont plutôt intérêt à jouer le jeu. Travailler simplement, sérieusement, c'était le monde d'avant. « Le risque existe de préférer la fiction du jeu à la réalité du travail. Auquel cas, l'entreprise et son projet ne sont jamais gagnants[2] », avertissent Nicolas Bouzou et Julia de Funès. Mais « le manager, en amusant ses ouailles, échappe à leurs commentaires, à leurs mécontentements, à leurs soupirs ou manque de motivation[3] ». Logique du court-terme.

1. « Le bien-être au travail, objectif en soi et vecteur de performance économique », rapport de La Fabrique Spinoza, avril 2013.
2. Nicolas Bouzou et Julia de Funès, *La Comédie (in)humaine*, *op. cit.*
3. *Ibid.*

partie 3

sept pistes pour l'entreprise dans un avenir incertain

Vous avez parcouru cet ouvrage jusqu'à cette page. Peut-être partagez-vous notre constat ? Peut-être certains d'entre vous, dirigeants, managers, vous sentez-vous, comme nous, en partie responsables de la situation du monde économique – donc de l'état du monde ? Certains se rassureront en pensant n'être pas les seuls à avoir laissé faire le cours des choses – ou, du moins, à n'avoir pas tenté de canaliser, voire freiner, cette accélération continue dépourvue de sens. D'autres avanceront que les faits sont têtus. L'heure n'est plus aux justifications.

Nous sommes responsables. Tous. Responsables donc coupables ? Là n'est plus la question. Faute avouée est à demi pardonnée. Mais il ne suffit pas de s'avouer, ou même d'avouer. Encore faut-il changer. Nous ne sollicitons pas votre courage. Vous en avez, cela va sans dire, ou alors vous ne seriez pas à votre place de responsables, de dirigeants, de patrons. Aujourd'hui, il en va de votre responsabilité, du fait de la mission qui vous a été confiée et de la rémunération qui y est associée. Nous faisons appel à votre lucidité.

Nous ne prenons pas notre plume pour apporter notre pierre à la critique du monde, jouer les Cassandre ou faire notre mea culpa. Déconstruire sans reconstruire relève d'une démarche stérile. Et alors ? Notre propos vise à projeter l'entreprise dans un futur attractif, malgré l'incertitude. À porter un discours de vérité. À esquisser notre vision. Mais ne vous y méprenez pas. Vous ne lirez pas dans les pages qui suivent des recettes de cuisine, encore moins une méthodologie car en matière de direction d'entreprise il n'y en a aucune. C'est notre conviction, forgée par nos observations et notre expérience du monde économique, depuis près de trente voire quarante ans. Chaque entreprise est unique. Unique en ce sens qu'elle possède son ADN, qu'elle est riche d'une histoire et d'une culture, qu'elle a fait son ou ses paris. Oui, selon nous, une entreprise fait des paris. Et toutes ne peuvent pas faire les mêmes. Être responsable dans une entreprise vous positionne sur cette ligne de crête. Loin des « y a qu'à », « faut qu'on »...

Les grands prestataires de services – cabinets de conseil, d'avocats, d'audit, agences de notation ou de communication –, très empreints de culture anglo-saxonne, ont bâti un modèle économique où la conformité règne en maître. Nous sommes convaincus que cette manière de penser n'est pas profitable au développement de vos entreprises. Nous sommes convaincus que le monde « tout financiarisé » n'est pas une fatalité. Nous sommes convaincus qu'il y a urgence à changer de logiciel. Et si vous osiez être d'accord ? Il dépend de chacun de nous de prendre de la hauteur et de redevenir, voire de devenir, acteurs.

Nous ne prétendons pas faire le tour de la question. Nous vous proposons sept grands thèmes de débat pour mieux appréhender, dès aujourd'hui, l'entreprise du futur. Ils ne sont pas classés par ordre d'importance, ils le sont tous. Ces axes concrets pourront être travaillés, adaptés, puis appliqués, entreprise par entreprise. Puissiez-vous lire ces pages sans préjugés, libérés du connu, prêts à aborder le nouveau. Autorisez-vous à glaner des idées, à laisser décanter, à ne pas répondre dans l'immédiat aux interrogations. Offrez-vous un peu de temps. Certaines propositions peuvent vous paraître irrecevables, d'autres pas totalement adaptées à votre entreprise. Restez sensibles à l'esprit et non à la lettre. Faites que ces thèmes soient débattus dans vos comités de direction, vos séminaires stratégiques, vos conseils d'administration, où souvent la parole précède la pensée et l'action.

Un monde nouveau se dessine, une nouvelle société, un nouveau modèle d'entreprise. Responsables, dirigeants, patrons, ces changements vous invitent à opérer une révolution dans votre façon de penser et de diriger. Il est temps d'abandonner les certitudes, de faire preuve d'audace et d'opérer les bons choix pour votre entreprise.

1. investissez dans le plus grand marché d'avenir : quête de progrès et décélération

Il y a quelques mois, nous avons eu, dans le cadre de l'une de nos interventions, un échange animé avec un dirigeant d'un grand groupe sur la notion de décroissance. Nous le poussions à ouvrir le débat, à enclencher un questionnement sur ce sujet, mais son refus était catégorique. Notre devoir de provocation, inhérent à notre métier, atteint parfois des limites. Il faut dire que le terme est inaudible pour un dirigeant aujourd'hui : ce mot-valise est trop connoté, trop politisé, à la fois suranné et utopique. Or, le matin même, nous avions pris connaissance des derniers résultats d'un groupe emblématique français, EDF. En 2018, ce groupe a vu son chiffre d'affaires décroître de 700 millions d'euros et, sur la même période, celui de sa filiale Dalkia, dédiée à l'optimisation et à la réduction de la consommation énergétique, a crû d'à peu près la même somme. La coïncidence était trop belle pour ne pas la pointer et dire enfin que les entreprises qui se développeront demain seront celles qui auront compris que les consommateurs, les citoyens veulent du moins – en tout cas du mieux – et pas du plus. Notre message ne disait pas autre chose tant nous sommes convaincus que l'avenir appartient aux entreprises qui sauront accompagner la société vers une plus grande frugalité. Il est urgent de repenser les fondamentaux stratégiques et se choisir « de nouvelles boussoles pour raisonner au-delà de la croissance [1] ».

1. Marie de Vergès, « Il faut de nouvelles boussoles pour raisonner au-delà de la croissance », entretien avec Dominique Méda, *Le Monde*, 25 mars 2017. La philosophe et sociologue est l'une des auteures de l'essai *Vers une société post-croissance*, Paris, Éditions de l'Aube, 2017.

de la discussion de salon à l'action de terrain

Comprenez-nous bien : nous ne sommes pas des chantres de la décroissance, du retour à la terre ou d'une douce utopie. La décroissance, tout comme la croissance, ne peut être infinie. Mais si l'anorexie n'est pas plus enviable que la boulimie, nos sociétés se préparent, c'est certain, à une bonne cure d'amaigrissement. L'attrait des entreprises pour le développement durable a probablement été un signe avant-coureur de cette tendance. Nous savons les limites du *green washing* ; comme vous, parfois, nous pensons sans le dire que le développement durable « c'est comment polluer un peu moins pour polluer plus longtemps[1] », mais doit-on pour autant se limiter à en condamner l'aspect parfois cosmétique et se résoudre à un cynisme désabusé ? Et si d'aucuns pensent que ce n'est qu'un pansement sur une jambe de bois, nous continuons à croire que l'entreprise reste un acteur déterminant pour contribuer à organiser un monde vivable pour les générations futures. La notion de responsabilité sociale et environnementale a son rôle à jouer dans cette transformation qui s'annonce, mais elle doit quitter ses oripeaux de faire-valoir pour devenir centrale dans la stratégie de l'entreprise. L'enjeu est de taille. Il s'agit ni plus ni moins de mettre au cœur des débats stratégiques lors des conseils d'administration et des comités de direction les notions de développement et de progrès. Jusqu'à aujourd'hui ces discussions se font au mieux – et déjà faut-il qu'elles aient lieu – avec ce que les entreprises appellent pompeusement leurs *critical friends*. Ce terme désigne un panel de personnalités externes à l'entreprise,

1. Paul Airiès cité dans *Consommer moins pour vivre mieux ?* de Marc Prieto et Assen Slim, Paris, Éditions Le Cavalier bleu, 2019.

certaines d'entre elles parties prenantes de son activité, invitées à apporter un regard critique sur le projet stratégique de l'entreprise. C'est à croire que les conseils d'administration, à l'instar de l'État, proposent toujours la même solution quand ils ne veulent pas réellement traiter le problème : créer une commission ad hoc. Nous pensons que cela ne sert à rien, et si ces *critical friends* sont réellement compétents, il suffit de les recruter comme directeurs ou directrices de la production, du marketing ou des ressources humaines, ils sauront quoi faire. Dirigeants, internalisez ces *critical friends* et vous pourrez enfin passer de la discussion de salon à l'action de terrain.

développement et progrès plus que croissance et rentabilité

L'urgence est là, car nous vivons dans un monde en transition, un monde où la sacro-sainte croissance va être remplacée par la croissance sélective ou, ce qui veut dire la même chose, la décroissance sélective. Devant nos yeux se joue l'affrontement des défenseurs du vieux monde et des avocats du monde qui vient. Sur le strict plan stratégique, le pari de l'avenir fondé sur la croissance à tout prix, les gains de productivité et la quête d'une rentabilité toujours plus grande mènera à l'impasse. Il mènera à l'impasse car les employés de ces sociétés, à l'exception de quelques dirigeants grassement rémunérés, n'en voudront plus, épuisés par un travail insensé ; car les consommateurs chercheront une source nouvelle de plaisir et de distinction grâce à l'impact positif de leur consommation sur le monde ; enfin, car les citoyens, las de voir la rentabilité du capital de quelques-uns se faire sur l'appauvrissement des biens communs, mettront fin à ce système.

Nous voilà donc à l'heure des choix : dans quelle voie s'engager ? Quelle promesse faire au marché : plus de croissance, plus de productivité pour plus de rentabilité ?

Soyons clairs. Aujourd'hui, l'optimisation de la valeur financière de la plupart des grandes entreprises se fonde sur la réduction des frais généraux et l'appauvrissement du plus grand nombre des salariés au profit des actionnaires ou de pseudo-investissements dans les mirages d'une économie prétendument nouvelle. Demain, ces entreprises-là, consacrées exclusivement à la maximisation du profit, ne se développeront plus. Les atours de la responsabilité sociétale des entreprises ne suffiront plus. Dans un univers de moindre croissance ou de croissance nulle, seules généreront du chiffre d'affaires les sociétés qui chercheront et trouveront le meilleur optimum de partage de la valeur. En définitive, celles qui prodigueront du bien-être social à l'ensemble de leurs parties prenantes et non à leurs seuls employés, ou parfois pire à leurs seuls cadres dirigeants.

C'est dans ce contexte que nous croyons au développement de vos entreprises – vous avez bien lu « développement » et non « croissance ». Vos parts de marché pourront ainsi grandir, votre notoriété auprès des consommateurs augmenter, vos partenaires prospérer. Il est grand temps de s'habituer à gérer votre entreprise dans un monde où le développement et le progrès, symboles d'une vie meilleure pour chacun, seront les véritables critères de sélection des projets stratégiques à engager. Est-ce faisable ? Oui. Est-ce nécessaire ? Assurément. Est-ce compliqué ? Probablement. Mais la liste des entreprises engagées dans cette voie, comme Patagonia, Veja, Everlane ou même Danone pour n'en citer que quelques-unes, ne cesse de s'allonger. Nous avons eu la chance d'accompagner sur ces sujets le conseil d'administration d'un grand groupe coopératif et nous savons qu'il est possible de changer les termes du débat stratégique au sein des entreprises : les meilleurs marchés ne sont pas nécessairement les plus rentables, les meilleurs produits ne sont pas nécessairement ceux qui se vendent le plus, la meilleure organisation n'est pas nécessairement celle qui offre le plus de gains de productivité. Remisons au placard les vieux outils d'analyse stratégique, pour s'aventurer enfin dans un monde où les externalités[1] positives comme négatives seront la réelle échelle de valeur de toute activité économique, où l'impact sur le territoire, sur la santé, sur l'émancipation, sur les biens communs en somme sera enfin une valeur comptable, en ce sens qu'elle compte. Le chemin sera ardu, il faudra revoir le portefeuille de vos produits, il faudra repenser les indicateurs de performance, recruter de nouvelles personnes, et probablement aussi gagner moins pour gagner plus longtemps.

1. Il y a externalités lorsque la production ou la consommation d'une personne affecte le bien-être d'une autre sans qu'aucune des deux ne reçoive ou ne paie une compensation.

2. soyez visionnaires, préparez-vous à virer votre directeur de la stratégie

le directeur de la stratégie, une espèce en voie de disparition ?

La question pourrait paraître incongrue à première vue et, pourtant, nous la posons : à quoi sert une direction de la stratégie ? Lorsqu'on se réfère à la littérature managériale, cette fonction revêtirait trois dimensions principales : la veille pour comprendre l'évolution de son marché ; le dialogue avec l'ensemble des directions de l'entreprise et avec les parties prenantes de celle-ci ; la communication, enfin, pour embarquer les femmes et les hommes de l'entreprise dans la direction choisie. L'on pourrait légitimement alors se demander : mais n'est-ce pas ici le rôle du dirigeant justement ? Alors, bien sûr, l'on nous répondrait que ce dernier est trop occupé, qu'il n'a pas le temps d'organiser tout cela, qu'il a besoin d'un relais, de quelqu'un qui fasse le filtre. Et c'est là pour nous que les difficultés commencent.

Nous l'avons dit précédemment, nous constatons que les dirigeants sont de plus en plus déconnectés, de plus en plus hors du temps. La création d'une direction de la stratégie aurait pour but de les aider, elle ne fait en réalité qu'aggraver le problème. Elle crée en effet un intermédiaire supplémentaire – et aussi de facto un biais – dans la relation vitale que le dirigeant doit entretenir avec son environnement. L'isolement du dirigeant se renforce, la nécrose s'annonce. Le dirigeant est là pour voir et il chausserait les lunettes d'un autre ? Aveuglement garanti, surtout lorsque le binocle appartient à un « directeur de la stratégie, de la prospective et de l'innovation » !

Autre effet pervers, nous avons observé que certaines de ces directions de la stratégie semblaient avoir opéré un véritable hold-up sur la dimension stratégique des autres directions de l'entreprise, qu'elles soient marketing, financières, de production ou des ressources humaines. Cette volonté de conquête est alors source de frictions, de tensions, d'incompréhensions et, au bout du compte, d'inefficacité. Car il relève bien de la responsabilité de ces directions opérationnelles que de produire les stratégies dans leur domaine respectif qui, in fine, traduisent et portent la vision de l'entreprise, celle du dirigeant. À chacun sa place, à chacun son rôle.

À moins que tout cela ne soit finalement qu'une excuse, une « excuse coûteuse pour une absence de vision du patron », comme nous l'affichions dans notre dictionnaire de la novlangue managériale en 2015. Ni Amazon, ni Apple, ni Chanel n'ont de directeur de la stratégie. Leurs dirigeants n'ont pas besoin de se dissimuler derrière un cache-misère. Ils savent où ils vont et travaillent dur pour cela, nous y reviendrons. À l'inverse, les fondateurs de l'application Snapchat ont attendu 2014 – en pleine success-story – pour en nommer un. Ce dernier a quitté l'entreprise en 2018, année noire pour Snapchat, en panne de vision d'avenir. Son poste a été aussitôt remplacé par deux personnes ! C'est sûr que ça va aller mieux (ou pas).

Entendons-nous bien : nous ne sommes pas vent debout contre les directeurs de la stratégie. Nous en côtoyons tous les jours. Des bons qui essaient de jouer honnêtement leur rôle de facilitateur – et cela peut avoir une réelle utilité –, mais jamais d'intermédiaire ; certains qui se demandent ce qu'ils font là, conscients qu'au départ la stratégie c'est quand même le métier du dirigeant ; mais aussi d'autres qui attendent au chaud la prochaine promotion donnant presque l'impression d'occuper un emploi fictif dans leur entreprise...

Finalement, nous pensons que cette fonction n'a pas d'avenir et que les femmes et les hommes de talents qui l'occupent auraient une utilité – et une source d'épanouissement – plus forte dans la conduite de projets. Avec leur départ, les dirigeants concernés seraient probablement un peu déstabilisés au début et forcés de s'exposer plus directement. Nous croyons à la vertu de cette confrontation directe au réel pour faire émerger une vision, condition première à l'expression d'une stratégie commune.

l'entreprise du XXIe siècle appelle à des visions singulières

Des entreprises sont mortes de ne plus savoir ce qu'était leur métier ; d'autres, d'être parties si loin de leurs bases qu'elles se sont perdues elles-mêmes ; d'autres enfin, à force de courir après les opportunités, ont eu à gérer une diversité interne qui les a fait éclater, ou les a rendues vulnérables à toute agression extérieure. Les comportements des dirigeants en sont souvent la cause. Trop de décideurs en effet se rassurent à l'aide de benchmarks, de méthodologies, de ratios financiers, de *powerpoints*, de consensus et de prix de marché.

La mission d'un dirigeant rime avec un certain inconfort, une place pour le doute, une part de risque, une bonne dose d'inconnu, un goût des paris. C'est à ce prix qu'il est là où il est. Sa mission, c'est de donner le sens – la finalité et l'orientation. Sa mission, c'est de dessiner et d'offrir une vision pour son entreprise. Sa mission, c'est d'incarner sa structure, de jouer l'influence, l'adhésion et la mobilisation. C'est autour de cette vision, forcément singulière, qu'il pourra rassembler, embarquer, convaincre, dans la confiance et la durée. C'est à cette vision que tous, collaborateurs et alliés, se rallieront dans les moments de turbulences inhérents à toute aventure humaine, a fortiori économique. C'est à partir de cette vision que tous les responsables pourront décliner ensuite leur stratégie.

Nous l'avons vu, les jeunes générations de consommateurs et de travailleurs aspirent à rejoindre des projets porteurs de sens, qui acceptent une nécessaire remise en cause de leurs schémas de production, d'organisation ou de gouvernance face aux bouleversements de nos sociétés contemporaines. Le rôle et la posture du dirigeant sont les clés pour incarner cette volonté, surtout à une époque où la figure de l'entrepreneur n'a jamais été aussi valorisée – la mode start-up y est pour beaucoup, bien entendu. Or, dans de nombreuses entreprises, l'entrepreneur d'origine a laissé progressivement place à une succession de dirigeants-managers, de moins en moins inspirés, de moins en moins inspirants aussi. Les combats portés par les fondateurs historiques ont été progressivement trahis par la seule recherche de conformité à un « esprit entrepreneurial » décliné en valeurs managériales génériques. Et de la conformité au conformisme, il n'y a qu'un pas, souvent franchi. Le sens dissous dans la gestion. Mort lente assurée. Certaines entreprises avec lesquelles nous avons travaillé s'en rendent compte lorsqu'elles recherchent dans les discours du créateur disparu l'inspiration pour lancer un projet d'avenir. Concordance des temps ou absence cruelle de vision du dirigeant-manager actuellement en fonction ?

Il y a vingt ans, on apprenait aux jeunes ambitieux à être en mesure de se présenter en une minute, dans le cas où ils se retrouveraient un jour dans l'ascenseur avec leur patron, et à saisir l'opportunité d'une possible promotion[1]. Nous aimons inverser la situation, en demandant par surprise aux dirigeants que nous accompagnons de s'enfermer seuls dans une pièce, et d'exprimer en une minute, et sans aucune préparation, leur vision pour leur entreprise face à une caméra. Les mots ne viennent pas tout de suite ou alors ce ne sont souvent pas les bons. Le temps manque. Panique. Vertige. Une prise de conscience salvatrice pour commencer le travail.

1. Un exercice de communication orale appelé *elevator pitch* consistant à se présenter et mettre en valeur son projet face à un partenaire ou investisseur potentiel, situé à un niveau hiérarchique plus élevé que soi et dont le temps est compté.

dirigeants et entrepreneurs, un nouvel agenda

En effet, une vision ne se décrète pas. Elle se forge. C'est un travail tout personnel. Il faut lui consacrer le temps nécessaire. Cela commence donc par revoir son agenda.

Nous avons accompagné certains de ces dirigeants entrepreneurs. Nous avons pu observer l'énergie qu'ils ont su déployer pour se construire, progressivement, une vision claire et singulière de là où ils souhaitaient aller et embarquer leurs équipes. Ils y consacraient beaucoup de temps, leurs soirées, leurs week-ends et une bonne partie de leurs vacances aussi. Nous y avons décelé à chaque fois la volonté ferme de comprendre, de se faire sa propre opinion, d'avancer humblement en acceptant le doute et la possibilité d'être déstabilisé. Nous y avons vu également l'exigence de ne jamais tomber dans la facilité en suivant la mode ou le conformisme. Comme ce dirigeant dans le secteur urbain qui a absolument tenu à visiter la ville de Detroit après avoir assisté à un colloque international sur la *smart city*, organisé à Songdo, où tous ses concurrents étaient également invités[1]. Il voulait ainsi se faire sa propre opinion du devenir urbain possible et non partager les mêmes références que les autres acteurs de son secteur. Ou encore, ce dirigeant d'une grande entreprise fortement impliquée dans les nouvelles technologies, rencontré la veille du salon Viva-Tech 2019 à Paris, nous avouant qu'il ne mettrait pas les

1. En 2013, la ville nouvelle de Songdo, en Corée du Sud, était le modèle ultime de la « ville intelligente » (*smart city*), référence mondiale pour tous les acteurs du secteur urbain et responsables politiques invités régulièrement par l'entreprise Cisco qui en avait fait son laboratoire démonstrateur de ses technologies. À l'inverse, la ville de Detroit, dans l'État du Michigan, aux États-Unis – la *smart city* du début du XXe siècle – venait de se mettre en faillite et aspirait à une renaissance.

pieds dans cette grand-messe de communication « où tout le monde va ».

Leur moteur est une curiosité et un intérêt sincères. C'est un travail souvent solitaire mais aussi ouvert sur le monde. Il s'agit de sortir de son bureau, d'échapper à la cour de son entourage direct - souvent issu des mêmes formations et peu enclin à l'expression d'opinions divergentes. Plusieurs de ces dirigeants identifiaient ainsi chaque année les dix personnalités en France ou dans le monde qu'il ou elle souhaitait rencontrer. Nous avons assisté à certaines de ces rencontres et compris ces moments de vérité qui font qu'au cours d'un dîner, au détour de la conversation, quelque chose se déclenche, se révèle. Une précipitation chimique. L'excitation ensuite. Le sentiment d'avoir compris, mieux *vu* quelque chose.

Dans ces profils de dirigeants-entrepreneurs que nous avons suivis, nous y avons aussi découvert un certain équilibre dans leur personnalité entre l'attrait pour le concret, caractéristique de l'ingénieur, le goût du jeu, propre au commerçant, mais aussi une certaine touche de folie que l'on pourrait retrouver chez l'artiste. Une combinaison de caractères qui nous semble propice à l'élaboration d'unc vision singulière.

Alors, écoutez votre intuition, abandonnez vos certitudes, faites de la place pour l'inspiration et redonnez sa valeur au temps - le temps qui permet d'élargir son horizon, d'oser prendre des risques, finalement perdre son temps pour en gagner –, vous aurez ainsi toutes les chances de remporter la bataille. Prenez le temps de ne pas être toujours sûrs. Prenez le temps de penser, de peser. Prenez le temps de chercher le sens. L'art de diriger relève d'une certaine maîtrise du temps. Vous devez pouvoir déceler le bon alignement des planètes, développer une acuité de tous les instants, et prendre la juste décision au bon moment.

3. « *make humankind great again* » : de quelle machine avons-nous réellement besoin ?

Le terme « machine » est très certainement réducteur. Nous visons à travers ce mot tout ce qui relève des technologies de l'information, c'est-à-dire à la fois les machines à proprement parler – comme les ordinateurs, les smartphones et tous les objets robotisés qu'ils aient ou non d'interface avec l'être humain –, mais aussi les algorithmes et les données collectées et créées qui sont à la base du fonctionnement desdites machines et du monde virtuel en général. Ce serait une réelle gageure d'aborder en quelques pages ce que nous pensons être le bon usage de la technologie pour une entreprise du XXIe siècle. Des livres entiers n'épuiseraient pas le sujet et, pourtant, de débats sur ce thème il en manque cruellement au sein des entreprises. Notre propos n'a ainsi pour objet que de poser les termes d'un dialogue que nous jugeons nécessaire entre les technophiles parfois béats, nouveaux rois fainéants du monde moderne, et les technophobes, bien souvent plus réactionnaires que visionnaires. La machine n'a de sens qu'au service d'un projet. Jusqu'alors son usage dans l'entreprise a surtout servi une vision ancienne et monolithique du monde économique : vendre plus, consommer plus, faire plus vite des profits. Il est grand temps de renverser le débat et de faire comprendre que la révolution informatique peut être une formidable opportunité pour faire émerger une autre façon de penser et d'agir en entreprise. Alors de quelles machines avons-nous vraiment besoin ?

pour des machines qui réduisent notre consommation et non l'inverse

Nous pensons que, dans le monde qui vient, les entreprises devront classer les machines en deux catégories : celles qui poussent à toujours plus de consommation et celles, a contrario, qui nous aident à réduire notre impact négatif sur l'environnement et la société, ainsi qu'à maîtriser notre soif de possession et de consommation. Que les laudateurs farouches de la technologie se rassurent donc : les champs de progrès sont immenses. Les opportunités « business » le sont tout autant et s'avéreront bien différentes du modèle, finalement fort ancien, des géants actuels de la technologie comme Facebook ou Google, qui relève uniquement de la logique publicitaire : vendre plus pour gagner plus.

Nous avons eu la chance de collaborer en 2019 avec un think tank sur la mobilité, le Forum Vies Mobiles, qui pose selon nous une question-clé sur le futur des mobilités : que deviendra notre monde lorsque nos déplacements seront, par souhait ou nécessité, plus lents et sur de plus courtes distances ? À contretemps des promesses faites par la voiture électrique ou autonome – finalement inscrite dans le même vieux logiciel de la mobilité toute-puissante – voire, plus utopique encore, de l'hypervitesse ferroviaire ou aérienne, cette question est pour nous au cœur du défi technologique qui nous attend. Il s'agira moins d'investir dans la « nouvelle » voiture (électrique ou autonome), ou dans des infrastructures intelligentes, que dans des plates-formes qui permettraient un meilleur appariement entre une offre et une demande de proximité, une technologie non plus au service du plus et du lointain mais du proche et du moins. De plus en plus de projets tentent de répondre à ce défi à l'instar de La Ruche qui dit oui, qui a su faire du modèle de la plateforme Web un puissant outil de mise en relation entre des producteurs ruraux et des consommateurs urbains. Ou bien encore Tinto-Eco, jeune entreprise qui s'est fixé comme ambition de développer un outil informatique permettant un meilleur couplage entre lieu de travail et lieu de vie. Partant de la conviction que la meilleure façon de diminuer l'empreinte environnementale du transport est tout bonnement de réduire les déplacements et que le télétravail ne peut concerner par nature qu'une partie des emplois, Tinto-Eco a développé un outil informatique permettant d'organiser des échanges de postes entre salariés exerçant le même métier dans deux entreprises différentes dans le but de réduire le temps quotidien passé dans les transports [1]. Nous savons que le droit actuel du travail n'est pas tout à fait adapté à ce type de dispositif, pour autant le gain de temps pour chacun et la réduction de la pollution due au transport devraient faire bouger les lignes. Pour le dire encore plus simplement – et revenir au cœur de notre questionnement quant aux machines dont nous avons réellement besoin –, est-il bien raisonnable de valoriser des milliards

1. En croisant la nature des postes, l'adresse d'habitation, l'adresse du lieu de travail et les temps réels de déplacement, l'outil propose de nouveaux appareillements entre une multitude de salariés et une multitude d'entreprises ou de sites pour les entreprises en réseau.

d'euros des applications informatiques comme Waze, qui permettent aux automobilistes d'éviter les embouteillages (qu'ils recréent bien souvent ailleurs !), alors que d'autres applications qui cherchent à offrir une alternative à la croissance frénétique des déplacements demeurent si peu considérées ? Le chemin est encore long pour faire comprendre aux entreprises que la digitalisation doit d'abord servir un projet qui accompagne une approche plus respectueuse de la vie humaine et de son environnement. Une approche plus adaptée à un monde où la croissance de la productivité et du profit ne serait plus le Saint Graal de la pensée stratégique des entreprises.

Il est un domaine que nous connaissons bien, qui est obsédé par la digitalisation et peut illustrer de façon saisissante le débat que nous appelons de nos vœux : la distribution. Intéressons-nous plus particulièrement à la logique à l'œuvre dans les entreprises développant du e-commerce. Partant du constat que les ventes de produits dans les boutiques physiques diminuent et que l'outil informatique, par son caractère intrusif et plus ciblé (nous y reviendrons), doit permettre de vendre mieux – sous-entendu vendre « plus » –, la digitalisation de la distribution est perçue comme une nouvelle opportunité (pour ne pas dire bouée de sauvetage) de croissance. On ne sort pas facilement de l'approche du « toujours plus vite, plus loin, plus fort » ! À rebours de cet emballement frénétique, nous pensons que d'autres usages de la digitalisation sont possibles. Nous avons dernièrement été sollicités par un réseau de distribution dans le secteur du cuir, dont la question était la suivante : « Comment utiliser notre site d'e-commerce pour conseiller plus efficacement nos clients et mieux les former pour qu'ils conservent le plus longtemps possible nos produits ? » Cette façon de penser la digitalisation de la distribution, et plus globalement de la relation client, nous apparaît plus proche des réelles attentes des consommateurs. Or, l'outil digital est parfaitement adapté à ce type d'approches : diagnostic intelligent du besoin réel en fonction des usages, formation à distance, réseau d'échanges entre pairs, plate-forme de mise en relation avec des réparateurs locaux, conseil d'utilisation ou de ré-usage, etc.

Dans une logique relativement similaire, nous avons vu se développer ces dernières années de nombreuses applications, à l'instar de Yuka, visant à nous aider à consommer mieux ou à lutter contre le gâchis alimentaire[1]. Pour quelle raison obscure (ou court-termiste) encore si peu de ces applications sont-elles plébiscitées par les géants de l'agroalimentaire alors qu'ils dépensent des sommes considérables dans la digitalisation de la relation client ou de leur distribution ? Certains diront qu'ils ne veulent pas « se tirer une balle dans le pied » ou qu'ils veulent développer leurs propres outils. Nous pensons au contraire qu'ils feraient bien de s'intéresser aux envies réelles de leurs consommateurs et non à celles de leurs seules équipes marketing, trop souvent aveuglément obsédées par l'injonction de « vendre différemment

1. À titre d'exemple, citons Wasteless, qui a mis au point un outil de tarification dynamique. Le principe est simple : les prix sont ajustés automatiquement en fonction de la date de péremption des produits (une boîte d'œufs dont la date de péremption n'est que de quelques jours sera vendue bien moins cher que celle qui est consommable encore plusieurs semaines).

pour vendre plus », faisant fi de la démarche plus moderne (et probablement plus prometteuse) de ceux qui cherchent à « vendre autre chose pour vendre moins et plus longtemps ».

Les premiers aspirent à croître, les seconds à se développer ensemble et durer. Or, les exemples que nous avons cités dessinent clairement une frontière dans l'usage même des machines, et plus particulièrement de la digitalisation de l'économie, entre les « anciens » et les « modernes ». On ne le répétera jamais assez : la digitalisation n'est pas moderne en soi ; ce qui en fait la modernité, c'est le projet d'entreprise sous-jacent à cette digitalisation, et non l'inverse.

personne ne veut dialoguer avec un chatbot

Il est un autre phénomène qui ne cesse de nous interroger : la multiplication des *chatbots* ou, pour le dire autrement, la volonté d'un grand nombre d'entreprises de remplacer la relation humaine par la relation homme-machine. Que chacun d'entre nous doive apprendre à vivre dans un monde de plus en plus digital est certainement une nécessité ; mais comment ne pas voir que, dans de nombreuses activités, la relation humaine joue – toujours et pour longtemps – un rôle essentiel. Lors de l'une de nos interventions sur l'évolution d'un réseau de distribution du secteur du luxe, nous avons interrogé de nombreux clients pour mieux comprendre leurs usages et leurs attentes. Nous cherchions à identifier les leviers d'amélioration de l'« expérience client » et à développer de nouveaux services en jouant de la complémentarité entre le canal physique (la boutique) et le digital (le smartphone). L'entreprise pour laquelle nous travaillions s'attendait à ce que nous parlions de nouvelles applications, de digitalisation des lieux de vente, ou encore d'« omnicanalité » ; les clients que nous rencontrions, loin de ces représentations simplistes, nommaient les vendeurs ou les vendeuses par leur prénom, jugeant celui-ci « adorable », ou celle-là « excellente professionnelle ». À la question « Qu'est-ce qui vous attire en boutique ? », leur réponse était : « les qualités humaines et professionnelles des vendeurs ». À la question « Comment améliorer la relation client ? », leur réponse était : « avoir des vendeurs ou des vendeuses qui me (re)connaissent, qui savent me conseiller parce que nous partageons un certain mode de vie ou consommons les mêmes produits ». Conclusion : si une entreprise souhaite améliorer l'expérience client, qu'elle laisse tomber les artifices de la digitalisation des points de vente, qu'elle mise plutôt sur la « mise à niveau » de ses forces de vente pour en faire de réels ambassadeurs, des « sachants » avec lesquels les clients souhaiteront réellement nouer une relation.

Croyez-nous sur parole : ce discours d'une apparente banalité n'est pas toujours audible auprès des dirigeants : pas assez moderne, pas assez innovant. Pour autant, Pepper et Nao (les robots de Softbank Robotics[1] censés vous accueillir dans les prétendues boutiques du futur) sont peut-être séduisants ou même fort intelligents (ce qui reste encore à démontrer) mais, jusqu'à preuve du contraire, nous n'avons pas grand-chose en commun. Or,

1. Filiale d'une société de robotique japonaise, leader dans le secteur de la robotique humanoïde à usage professionnel.

bien souvent, ce qui est en jeu dans un acte de vente ou de service, c'est la capacité à instaurer un espace de dialogue réellement humain, une proximité, source à la fois d'efficacité, de confiance et de plaisir. N'oublions pas, comme le rappelle simplement Gérard Berry dans son ouvrage *L'Hyperpuissance de l'informatique*[1], que « personnaliser » dérive du mot « personne ». Alors, pour les entreprises qui cherchent toujours plus de personnalisation dans leur relation client, nous ne saurions trop leur recommander de miser davantage sur les personnes que sur les algorithmes. Les leaders de la relation client qui gèrent un grand nombre de *call centers* dans le monde entier savent bien que les entreprises qui font appel à eux veulent que ce soit des êtres humains qui répondent à leurs clients et non des *chatbots*. À quoi bon gagner quelques points de productivité en remplaçant des individus par des machines (si tant est qu'on y arrive) alors que, in fine, c'est justement la relation humaine qui sera porteuse de valeurs pour les clients ?

Il est une idée encore plus saugrenue dans ce désir sans limite de digitalisation de notre monde, c'est celle de vouloir développer des robots dans le service à la personne pour offrir par exemple un « compagnon de vie » à des personnes âgées ou isolées. Il faut réellement qu'une société soit malade pour imaginer que le réconfort ou l'aide pourrait reposer sur l'exécution d'un protocole par nature mécanique et non sur des échanges sensibles - et donc intelligents. Personne ne veut dialoguer avec des *chatbots*, personne ne veut tenir la main d'un robot quand il est malade. Tout ceci n'est que propagande que les

1. Gérard Berry, *L'Hyperpuissance de l'informatique*, Paris, Odile Jacob, 2017.

entreprises feraient bien de combattre ou, pour le moins, de débattre sérieusement.

touche pas à ma vie privée

Il est un sujet plus sensible encore, c'est celui de la collecte massive de données personnelles, l'essence prétendument indispensable à l'efficacité de la machine informatique. Cette question est d'autant plus complexe que nous avons depuis bien longtemps baissé les armes, collectivement et individuellement, face à cet enjeu de protection de la vie privée. Nous l'avons déjà évoqué dans la deuxième partie de cet ouvrage au sujet du mirage de l'intelligence artificielle : la réglementation, loin d'être uniforme dans le monde entier, court derrière des pratiques généralisées de collecte de données. La machine digitale est d'autant plus performante, pour ne pas dire intelligente, qu'elle a accès à un nombre toujours plus grand de données qu'il est extrêmement difficile de rendre anonymes[1], au risque - pour l'entreprise qui la collecte, entendons-nous - d'en diminuer fortement la valeur. Nous le réaffirmons ici : les entreprises doivent porter une réelle attention au risque de réputation qu'elles pourraient courir si elles étaient prises la main dans le sac d'un non-respect de notre vie privée. En 2017, nous avions été sollicités par un groupe du secteur de la mobilité pour l'aider à mieux appréhender certains grands enjeux qui pouvaient influer sur sa stratégie et son organisation. La question de l'utilisation des données clients était l'un d'entre eux. Nous avions alors organisé

1. Pour « garantir » cet anonymat dans la navigation, le paramétrage de son moteur de recherche préféré relève du parcours du combattant !

aux quatre coins de l'Europe des rencontres que nous pensions utiles, non pas pour apporter des solutions toute faites, mais pour favoriser le développement d'une pensée stratégique éclairée. Parmi les personnalités sollicitées, aux convictions et pratiques très divergentes, nous avions fait rencontrer à une partie des dirigeants de la société les équipes londoniennes d'une entreprise encore très peu connue du grand public : Cambridge Analytica. Donald Trump venait d'être élu et l'entreprise vantait la puissance de son ciblage marketing. Nous avions d'ailleurs été accueillis par une demi-boutade : « Ne vous inquiétez pas, nous ne travaillons pas pour Marine Le Pen ! » Question d'argent probablement... Nous pensons que c'est à travers ce type de confrontation que l'entreprise peut être sensibilisée au risque grandissant des dérives de la collecte massive de données personnelles à des fins de manipulation et de contrôle des individus. Nous sommes convaincus que demain les entreprises qui ne sauront pas démontrer à leurs clients qu'elles sont respectueuses de leurs données personnelles, quelles qu'elles soient, seront confrontées à une profonde crise de confiance – comme Facebook en 2018 – qui pourrait mettre à mal la pérennité de leurs activités.

En réalité, la digitalisation de l'économie n'est rien d'autre que l'application informatisée d'une vision que les entreprises ont de leur raison d'être. Or, c'est bien cette raison d'être qu'il demeure nécessaire et presque suffisant de questionner ou de préciser pour redonner à la machine toute sa place et toute sa valeur : un outil puissant au service d'une vision. Il en est des machines informatiques aujourd'hui comme des machines mécaniques hier : leurs usages ne sont que les symptômes d'une conception ancienne ou moderne de l'activité économique.

4. lancez un nouveau pacte entrepreneurial pour un bénéfice partagé

Le nouveau pacte entrepreneurial – que nous appelons de nos vœux – ne vise pas moins que la redéfinition de la valeur de l'entreprise et de sa répartition. Il doit reposer sur quatre engagements majeurs :

- considérer que la gestion des externalités générées par l'activité d'une entreprise sera un critère déterminant de sa valorisation ;

- sortir d'un modèle de rémunération des dirigeants destructeur et inefficace, creusant de plus en plus et sans aucune justification les inégalités dans la société en général et l'entreprise en particulier ;

- s'assurer du bon alignement entre les attentes et les comportements des consommateurs, des salariés et des citoyens ;

- bâtir une politique de ressources humaines qui ne se limite pas aux seuls salariés de l'entreprise mais qui intègre la masse croissante des partenaires/fournisseurs/indépendants/microentrepreneurs, assurant une part de plus en plus significative de la production de valeur de ladite entreprise. Ces acteurs, essentiels à l'avenir de l'entreprise, il faut en prendre soin comme de véritables ressources humaines et non comme de simples leviers d'optimisation financière.

Nous savons que nous touchons là au « nerf de la guerre » et à quel point le sujet est sensible, car cette question concentre toutes les dérives du passé et les freins les plus puissants à l'invention d'un système économique différent. Nous pensons néanmoins que les entreprises qui oseront innover dans cette voie seront celles qui attireront dans la prochaine décennie les nouvelles générations de consommateurs et également de futurs collaborateurs et partenaires. D'ailleurs, certaines l'ont d'ores et déjà compris et engagent, comme nous le verrons, les ruptures nécessaires pour saisir des opportunités inédites à leur développement.

la révolution de la valeur : quand la bonne gestion des externalités dominera l'Ebitda

Tentons d'illustrer les termes du débat. Nous avons été conviés récemment à intervenir auprès de cadres dirigeants d'un groupe de services sur le thème de la création de valeur. Cette question était d'autant plus importante qu'elle se posait pour une entreprise d'un secteur à faible marge et à très fortes pressions concurrentielles. Après un tour d'horizon sur cette question à travers les leviers habituels d'optimisation de l'Ebitda[1] – l'amélioration de la productivité par une adaptation de l'organisation de travail et sa digitalisation ; et la « premiumisation » de l'offre par une amélioration de la

1. Pour rappel, il s'agit des bénéfices avant intérêts, impôts, dotations aux amortissements et provisions sur immobilisations.

qualité des produits et de leur image –, nous avons abordé la question de la valorisation, aux yeux de l'actionnaire, des collaborateurs et des clients, des externalités générées par l'activité de l'entreprise. Notre volonté était de pousser ces équipes à penser différemment la valeur : ne pas la regarder uniquement sous le prisme de l'augmentation du résultat opérationnel, mais en considérant que la valorisation de leur entreprise se fera de plus en plus, et peut-être un jour majoritairement, au regard de la bonne gestion de ses externalités environnementales et sociales.

La réaction immédiate de l'auditoire a été de nous rappeler que, chaque année, l'entreprise publiait un « rapport RSE[1] » qui compilait toutes les actions « positives » de l'entreprise au profit de la société. Manifestement, nous ne parlions pas de la même chose : notre propos visait à une meilleure intégration dans la valeur économique de l'entreprise des indicateurs extra-comptables (taux de réduction de la consommation de ressources naturelles, taux de création d'emplois, etc.), prenant en compte, autant que possible, sa capacité à gérer de façon responsable sa consommation de ressources environnementales et sociales et, au-delà, à être elle-même source, grâce à son activité, de progrès sociaux

1. Le rapport RSE se nomme officiellement « déclaration de performance extra-financière des entreprises », obligatoire pour les entreprises cotées de plus de 500 salariés avec un total de bilan dépassant 20 millions d'euros ou un chiffre d'affaires supérieur à 40 millions d'euros et, pour les sociétés non cotées, ayant plus de 500 salariés avec un total de bilan ou de chiffre d'affaires supérieur à 100 millions d'euros. Ces entreprises doivent ainsi établir une déclaration de performance extra-financière dans leur rapport annuel de gestion. Le principe de « matérialité », instauré par la directive, laisse une marge d'appréciation à l'entreprise sur la pertinence des informations environnementales et sociales à fournir, au regard des principaux risques suscités par son activité et des attentes des parties prenantes.

et environnementaux. Nous partageons les critiques, nombreuses, qui sont faites aux méthodes d'évaluation qui reposent sur des critères quasi exclusivement financiers. Ne faudrait-il pas pondérer différemment, dans le calcul de la valeur de l'entreprise, la place respective de l'Ebitda d'une part, et des indicateurs extra-comptables d'autre part, afin de mieux tenir compte des charges et profits environnementaux et sociaux de l'entreprise ?

L'exercice est pour le moins complexe : certains experts ont longuement travaillé sur ce sujet, comme Jacques Richard, expert-comptable, docteur en sciences de gestion, enseignant à Paris-Dauphine, qui a inventé une méthode dénommée Care [1], visant à inscrire au bilan des entreprises la dette non seulement financière mais aussi humaine et écologique. En réalité, notre propos est de dire que les méthodes futures de valorisation d'une entreprise seront de plus en plus affectées par le positionnement de l'entreprise en termes d'externalités. Qu'ils s'agissent des consommateurs, des salariés, des citoyens, et même des actionnaires éclairés – c'est-à-dire à l'écoute du monde qui vient –, tous vont imposer aux entreprises de remettre en cause leur obsession de rentabilité financière à court terme, trop souvent responsables d'externalités environnementales et sociales destructrices.

Emmanuel Faber, PDG de la société Danone, très mobilisé sur ces questions, l'a répété sans ambages : « Il n'y a pas d'un côté le projet social de l'entreprise et, de l'autre,

1. Care pour « comptabilité adaptée au renouvellement de l'environnement ». Pour aller plus loin sur ce sujet et les propositions de Jacques Richard : https://sociogest.hypotheses.org/files/2018/02/CISG_n_17_12_2017_Isabelle_Chambost_p_43-61.pdf

le projet économique : les deux sont intrinsèquement liés[1]. » Si le risque demeure que l'action ne soit pas à la hauteur des déclarations des grands groupes, les chocs à venir, inévitables, vont précipiter des transformations brutales. Alors il serait bon pour les entreprises de mieux les anticiper et de s'inspirer des nombreuses initiatives résolument engagées à l'encontre d'un capitalisme débridé. La Camif, qui a décidé de fermer lors du « Black Friday[2] », voulant par ce geste symbolique remettre en cause une vision trop consumérisme de l'économie, peut être l'une de ces sources d'inspiration. Cette entreprise a inscrit en 2017 dans ses statuts la mission qu'elle poursuivait : « proposer des produits et services pour la maison, conçus au bénéfice de l'homme et de la planète ; mobiliser notre écosystème (consommateurs, collaborateurs, fournisseurs, actionnaires, acteurs du territoire), collaborer et agir pour inventer de nouveaux modèles de consommation, de production et d'organisation ». Cette mission donne un cap fort, voire contraignant, à la conduite de la stratégie de l'entreprise : politique d'investissement, de développement, de rémunération des dirigeants, ou encore de rétribution des actionnaires.

les entreprises à mission, un mal nécessaire ?

Que penser de cette mode des « entreprises à mission » ? D'abord, comme nous le rappelle Kevin Levillain[3], cette

1. *L'Opinion*, interview du 28 août 2019.
2. Venu des États-Unis, le Black Friday est une opération commerciale se déroulant le lendemain du repas de Thanksgiving. Il marque traditionnellement le coup d'envoi de la période des achats de fin d'année. Plusieurs commerçants profitent de ce moment pour proposer des remises importantes. En 2018, Amazon a ainsi écoulé plus de 180 millions d'articles en quelques jours.
3. Kevin Levillain, *Les Entreprises à mission : un modèle de gouvernance pour l'innovation*, Paris, Vuibert, 2017.

notion de mission était déjà présente dès le développement au XVe siècle des corporations, forme ancienne de l'entreprise. Qu'il s'agisse d'organiser des activités de production, de commerce ou d'exploration, ces corporations, « en raison du contrôle dont elles font l'objet par l'État, et du besoin de charte royale pour leur création, sont en fait considérées comme des organismes publics : elles incluent ainsi nécessairement un objectif (*purpose*) d'intérêt public pour obtenir leur autorisation ». Ce n'est que plus tard, notamment au XIXe siècle, que la libéralisation fait peu à peu disparaître la notion de mission associée à une entreprise (« corporation »). Or, depuis quelques années, ce modèle entrepreneurial semble, sous une forme nouvelle, revenir sur le devant de la scène. Aux États-Unis d'abord [1], puis en Europe et, plus récemment, en France avec la loi Pacte [2]. Pour autant, notre position sur le statut des entreprises à mission est plus partagée. Nous prônons une approche plus libre de l'entreprise ; à trop réglementer, on risque fort de freiner l'esprit entrepreneurial car toute organisation doit avoir les moyens d'adapter facilement sa mission et les modes de fonctionnement qui en découlent. Mais notre visée est aussi plus ambitieuse, voire « révolutionnaire », car nous pensons qu'aucune entreprise n'a d'avenir si elle ne dépasse pas l'unique objectif de profitabilité pour ses actionnaires ; les entreprises qui se développeront demain seront celles qui se seront dotées de ce qu'on appelle une mission, non parce que la loi en offre

1. Les premières formes de sociétés à mission ont été introduites en droit aux États-Unis en 2010. Jay Coen Gilbert fonde en 2006 le label B-Corp – pour Benefit Corporation – avec l'ambition de faire évoluer le capitalisme par la valorisation de sociétés à impact social et environnemental positif.
2. La loi Pacte (Plan d'action pour la croissance et la transformation des entreprises) a été promulguée le 22 mai 2019 et ambitionne de donner aux entreprises les moyens d'innover, de se transformer, de grandir et de créer des emplois.

l'opportunité, mais parce que les consommateurs, les salariés, les citoyens l'exigeront.

L'approche actuelle de l'entreprise à mission, comme elle est proposée dans la loi Pacte, nous paraît donc à la fois trop contraignante (on rigidifie artificiellement la gouvernance pour ce type de société) et trop timide (toute entreprise devra à terme se doter d'une mission). Pour autant, les travaux qui ont été engagés peuvent être des sources d'inspiration pertinentes pour chaque dirigeant qui souhaiterait sortir du sacro-saint modèle de la rentabilité à court terme. Dans son ouvrage, Kevin Levillain formule une proposition pertinente : « La *flexible purpose corporation*[1] entérine un modèle opposé au fonctionnement usuel de la responsabilité sociale des entreprises : plutôt que d'exiger du management un engagement sociétal supplémentaire, qui risquerait de le placer en situation d'injonction contradictoire vis-à-vis des actionnaires, ce sont les actionnaires qu'il s'agit d'engager en premier afin de créer un espace d'action pour le dirigeant qui réalise la mission[2]. » Or, contrairement aux idées reçues, l'engagement éthique et responsable des entreprises séduit de plus en plus les investisseurs. Aux États-Unis, les en-cours de l'investissement responsable ont augmenté de 33 % entre 2014 et 2016, selon le Forum pour l'investissement responsable et durable. « On peut désormais constituer des portefeuilles qui ne sacrifient aucun rendement, voire qui offrent une rentabilité supérieure sur le long terme[3] »,

1. Forme juridique de droit américain permettant de créer une structure adaptée aux entreprises à but lucratif souhaitant défendre des finalités supplémentaires non lucratives.
2. Kevin Levillain, *Les Entreprises à mission : un modèle de gouvernance pour l'innovation*, *op. cit.*
3. Laurent Martinet, « Les "B-Corp" veulent changer le monde », *L'Express*, 24 mai 2018.

martèle, de façon très surprenante, Isabelle Mateos y Lago, à la tête du think tank du géant de la gestion d'actifs BlackRock. Ce qui démontre, puisqu'il le faut, que les actionnaires pourraient ne pas sacrifier systématiquement le progrès social sur l'autel de la rentabilité à court terme.

D'autres exemples instructifs existent. En mars 2018, Danone lançait sa première *social bond*. « Cette émission obligataire de 300 millions d'euros destinée à des projets à impact social positif, malgré un taux faible de 1 %, a été souscrite rapidement. Il faut donc arrêter de dire que la finance est menée par les mathématiques. Quand les projets ont du sens, les gens sont prêts à s'engager[1] », confiait alors Emmanuel Faber au *Monde*. Dans son ouvrage *L'Entreprise du XXIe siècle sera politique ou ne sera plus*[2], Pascal Demurger, directeur général de la Maif, démontre l'efficacité économique de l'engagement social et environnemental du fameux « assureur militant ». Outre-Atlantique, la société Patagonia, très connue pour son engagement social et environnemental, a décidé d'attaquer en justice la décision de Donald Trump de réduire les espaces naturels protégés dans l'État de l'Utah. L'affaire a fait grand bruit et Patagonia a vu son chiffre d'affaires augmenter. Cynique, diraient certains. C'est peut-être également illustratif d'un nouveau rapport que les entreprises doivent avoir avec la société et l'environnement : « Les servir plutôt que s'en servir. » Conclusion de Rose Marcario, PDG actuelle de la société : « Faire du bon travail pour la planète crée de nouveaux

1. Laurence Girard et Dominique Gallois, « Nous mettons fin au mode de décision pyramidal », entretien avec Emmanuel Faber, *Le Monde*, 26 avril 2018.
2. Pascal Demurger, *L'Entreprise du XXIe siècle sera politique ou ne sera plus*, Paris, Éditions de l'Aube, 2019.

marchés et nous permet de gagner plus d'argent. » Et de lancer, sur un air prophétique : « En fin de compte, ce sont les clients qui vont changer le monde. » Nous sommes pleinement en phase avec cette vision.

vers une véritable remise en cause de la rémunération des dirigeants

À l'heure où le gouvernement a rappelé dans sa nouvelle loi pour l'école le devoir d'exemplarité auquel doit se soumettre tout enseignant, nous affirmons haut et fort que la nécessaire transformation de l'entreprise passe par une refonte complète de la rémunération des dirigeants. Allons directement au fait. Nous proposons donc :

- que la rémunération salariale des dirigeants n'excède pas 40 fois la rémunération médiane au sein de l'entreprise ;

- que cette règle intègre la rémunération fixe et variable ;

- qu'aucune stock-option ne soit offerte aux cadres dirigeants. S'ils ont tant confiance en l'impact de leur action, ils peuvent tout à fait, au début de leur mandat, acheter avec leur capital personnel des actions de l'entreprise qu'ils pourront revendre après leur départ, montrant de ce fait qu'ils acceptent réellement de prendre des risques tant prônés dans la conduite actuelle des entreprises ;

- qu'aucune retraite chapeau ne soit proposée aux dirigeants. À l'heure d'un resserrement nécessaire des conditions de retraite de l'ensemble de la population, il ne pourrait en être autrement. Nous savons que le sujet est peu à peu réformé par le gouvernement français, mais, bien plus qu'à des ajustements, nous appelons à la suppression pure et simple de ce dispositif.

Certains diront que nous sommes devenus fous : comment attirer les meilleurs dirigeants, comment rémunérer leur prise de risque ? Soyons sérieux, cette question de la compétition mondiale des dirigeants qui imposerait de les rémunérer à des montants hors de propos est une mascarade. D'ailleurs, il semblerait que c'est bien plus l'échec qui fait la fortune des dirigeants que la prise de risque à un moment donné, dont les bénéfices se feront sentir bien des années plus tard. Nous souhaiterions presque la mise en place d'une rémunération variable des dirigeants, non pas sur les résultats de l'année mais sur les résultats obtenus cinq ou dix ans après les décisions qu'ils auraient prises. Comment ne pas s'insurger quand on sait que le dirigeant de la banque d'investissement de la Deutsche Bank a gagné plus de 8 millions d'euros en 2018 auxquels s'ajoutent près de 3 millions d'euros pour « gérer » le Brexit. Le conseil d'administration avait-il considéré que cette situation imprévue nécessitait une prime de presque 30 % ? À quoi pouvait donc bien servir les 8 millions d'euros de rémunération ? Comble de cette situation, la Deutsche Bank est considérée comme une « banque zombie [1] », l'une des

1. Les banques zombies sont des banques non rentables et fortement endettées ou insolvables qui subsistent grâce à des financements aux taux d'intérêt très bas, voire négatifs.

plus risquées au monde. En juillet 2019, la banque a licencié 8 000 personnes... Les dirigeants se partageront une belle retraite chapeau, sans compter la prime de licenciement. La boucle de l'indécence est bouclée.

Même si le législateur, aux États-Unis comme en Europe, conscient de ces dérives préjudiciables à l'image des grandes entreprises, s'est saisi de la question d'une meilleure régulation des rémunérations des dirigeants[1], nous sommes encore bien loin du compte.

Demain les consommateurs et les salariés n'accepteront plus ce creusement des inégalités et se détourneront des entreprises dont les dirigeants ne seront pas exemplaires sur ce sujet extrêmement symbolique.

employés, citoyens, consommateurs, même combat

Parce que l'entreprise est friande de valeurs, leurs dirigeants doivent prendre conscience que l'exigence de cohérence entre les statuts d'employés, de citoyens et de consommateurs va être de plus en plus forte. Le consommateur exigera de pouvoir consommer de façon plus responsable ; le citoyen poussera l'entreprise, par son vote ou son engagement, à des comportements plus soucieux de l'intérêt général ; quant au salarié, sa motivation reposera sur l'assurance que son travail chaque jour contribue, même modestement, à bâtir une meilleure société. Cet alignement des planètes est un défi pour l'entreprise, où parfois le cynisme frise le ridicule.

1. Notamment, en France, par la loi de 2017 dite « Sapin 2 » renforçant le pouvoir de contrôle de ces rémunérations par les actionnaires.

Le *green washing* dont sont adeptes une immense partie des directions marketing, notamment dans le secteur des produits de grande consommation (le terme devrait nous alerter !), est une bombe à retardement. À ce jour, la réglementation permet d'afficher presque tout et n'importe quoi sur les emballages des produits alimentaires. Les mentions « pensez au recylage », « jambon bio » sous sachet plastique, « 90 % de produits naturels » sont, non pas des mensonges, mais des tromperies qui font croire à ces entreprises qu'elles peuvent continuer à produire des aliments néfastes grâce au talent de leurs marketeurs.

Cette histoire est bientôt finie, car les jeunes générations de marketeurs refuseront de travailler de cette façon. De même, les consommateurs, mieux informés notamment par la multiplication d'applications indépendantes, boycotteront ces produits. Quant aux citoyens, ils vont définitivement remettre en cause la pensée ultralibérale qui martèle sans cesse qu'il ne peut y avoir développement des entreprises sans déréglementation. L'heure est très certainement au retour d'une économie mieux régulée. Si les entreprises n'anticipent pas suffisamment tôt ces transformations à l'œuvre, elles ne dureront pas, faute de salariés motivés, de consommateurs fidèles et de citoyens protecteurs. Le *green washing* ou le *social washing* ne permettront pas de sauver le bateau qui coule lentement. Faites entrer dans l'organisation et ses instances de pouvoir les salariés, les consommateurs, les citoyens même !

plaidoyer pour une gestion étendue des ressources humaines

Depuis longtemps, les syndicats sont taxés de favoriser les *insiders* (les salariés) par rapport aux *outsiders* (les chômeurs). De même les entreprises ont-elles pris l'habitude de privilégier la gestion de leurs collaborateurs permanents sur celle de leurs prestataires. Pour les premiers, une direction des ressources humaines, pour les autres une direction des achats. Nous considérons qu'aujourd'hui les directions des ressources humaines doivent repenser complètement leurs politiques de développement en intégrant tous ces interlocuteurs au statut différent. Face à la croissance exponentielle de la *gig economy* (autrement dit l'« économie des petits boulots »), nous sommes de plus en plus sollicités pour imaginer des solutions d'externalisation de tâches jusqu'à présent réalisées en interne, qui seraient déléguées à des microentrepreneurs à la recherche de revenus ou de compléments de revenus.

La fièvre du *juicer*[1] semble toucher toutes les entreprises. Nous ne considérons pas ce modèle d'organisation comme un mal en soi, même si nous en condamnons les dérives ; il peut permettre à chacun d'organiser sa vie comme il l'entend et constitue parfois une première marche vers le retour à l'emploi. Notre conviction est plutôt que cet écosystème ne doit pas être géré uniquement par les directions des achats – pour baisser les coûts – ou les directions de la production – pour améliorer la productivité – mais aussi, et peut-être surtout, par

1. Les *juicers* sont ces autoentrepreneurs qui rechargent chaque nuit les trottinettes électriques.

les directions des ressources humaines. Ces dernières doivent pleinement assurer l'accompagnement des ressources externes et vérifier auprès de l'ensemble des sous-traitants que les conditions de travail (rémunération, parcours professionnels, protection sociale) qui y sont proposées sont conformes à leurs propres politiques internes. Le *care* ne peut plus s'arrêter aux portes des entreprises. Celles qui imposeront à leur direction des ressources humaines de se saisir pleinement de ce sujet – sans le déléguer à la direction de la RSE – seront plus performantes demain car elles sauront mobiliser durablement l'ensemble de leur écosystème.

5. faites de votre marque un étendard de ralliement

À quoi sert une marque ? En lisant les rapports d'activité, fils Twitter et autres plaquettes commerciales, la réponse paraît claire. La marque est l'étendard des valeurs de l'entreprise. Trop souvent réduites à une liste à la Prévert, ces valeurs s'apparentent alors à un catalogue de promesses et de postures qui n'engagent... que ceux qui les écoutent !

Or, plus que jamais, seuls les actes comptent et compteront. L'entreprise reste le lieu du réel ; ce lieu où l'individu et le collectif se retrouvent dans des projets d'utilité concrète ; ce lieu où construire et pouvoir, ensemble, réaliser de grandes choses. Pour cela, il importe de trouver le chemin du sens et de l'utilité, d'entendre et de voir la société aux portes de l'entreprise et se donner l'ambition de la servir. L'entreprise sera attractive parce qu'elle agira dans un sens précis, parce qu'elle dégagera une certaine image, parce qu'elle résonnera avec un ensemble d'attitudes responsables.

Pour nous, ce n'cst ainsi plus aux personnes de s'adapter aux entreprises, mais à ces dernières de prendre en compte les attentes des gens. Il revient aux sociétés d'accorder aux humains la place centrale. La pérennité de l'entreprise se trouve en jeu.

marque globale, organisation locale

Nous l'avons déjà constaté et déploré : la mondialisation a unifié les territoires et les cultures, imposant son style international face à la richesse de notre diversité humaine, jusqu'à nos plus intimes modes de vie et de consommation. Terrains de jeu des mêmes marques globales, nos sociétés contemporaines se dissolvent peu à peu dans un grand tout générique, franchement déconnecté des réalités de chaque lieu de vie. Cette déconnexion manifeste, jadis promesse d'accession à un style de vie moderne issu des États-Unis – là où la nouveauté venait forcément – a fait long feu. Les consommateurs – et les citoyens qui sommeillent en eux – mesurent de plus en plus les conséquences des conditions de production d'un tel mode de vie sur leur territoire. Ils se mettent alors en quête de plus d'authenticité dans leur consommation[1]. Cela passe inévitablement par une revalorisation du local sur le global. Nous avons été ainsi surpris, lors de la visite d'un *shopping mall* de luxe à Shanghai, par les enseignes de marques locales mettant en avant le *made in China* alors que ce label était, jusqu'à présent et dans nos esprits d'Occidentaux, l'emblème de cette mondialisation et de la mauvaise qualité qui en découle[2]. Cette fierté locale, nous l'avons aussi retrouvée dans la ville de Detroit. Symbole de la chute d'un modèle – le fordisme ouvrant sur l'*American way of life* où la culture de la voiture est toute-puissante –, Detroit a été une ville abandonnée par ses dirigeants (politiques corrompus et

1. Parfois jusqu'à l'excès, produisant alors une véritable bulle spéculative d'authenticité, comme le décrit Jean-Laurent Cassely dans son essai *No Fake : contre-histoire de notre quête d'authenticité*, Paris, Arkhê, 2019.
2. D'ailleurs, les autres marques internationales d'essence américaine ou européenne présentes dans ce *shopping mall* se gardent bien de dire, elles, que leurs produits sont en grande partie fabriqués en Chine !

industriels victimes d'une crise profonde et irrémédiable) avant d'être peu à peu reprise en main par ses habitants, passant de l'ère industrielle mondialisée à celle de la coopération citoyenne. Les *Detroiters* imposent de nouvelles règles du jeu, inventent de nouveaux modèles de développement, se façonnent une image attractive en capitalisant sur le patrimoine de la ville, le *made in Detroit*[1]. Cette revendication du local n'est pas incompatible pour autant avec l'existence de marques mondiales. Il est en revanche, selon nous, absolument nécessaire de tisser des liens entre ces deux réalités, sous peine de voir sa marque, même puissante, décrocher.

Revenons un instant à la Chine. Les grandes marques de luxe ont souvent perçu les marchés asiatiques – et Chinois en particulier – comme des relais de croissance face à l'atonie de leurs marchés historiques occidentaux. Et la prédation sur ces nouveaux eldorados s'est faite avec une certaine arrogance, il faut le souligner, ces marques faisant peu de cas des territoires, des populations et des cultures qu'elles venaient conquérir. Mais les choses changent, heureusement. Les uns ne veulent plus se sentir abusés par les autres, et ceux-ci, bien conscients de leurs intérêts à long terme, mettent progressivement en place des stratégies dites de *give back* pour aider au développement de ces territoires à « forte contribution de croissance ». Protection du patrimoine architectural local, conservation des savoir-faire, aide à l'émergence de l'entrepreneuriat local... autant d'initiatives qui renforcent l'ancrage local de ces marques mondiales.

1. Voir à ce propos notre contribution à la revue de prospective urbaine *Stream* : Julien Eymeri, « *New old cities vs old new cities* : la ville de quel futur ? », *Stream* « Habiter l'anthropocène », n° 3, Paris, PCA Éditions, 2014.

un ancrage sur un territoire

Cette prise de conscience doit aussi, selon nous, s'adresser aux collaborateurs de l'entreprise. Nous avons accompagné de nombreux grands groupes dans leur réflexion sur les organisations et les lieux de travail[1]. Nous avons été surpris par la grande homogénéité de ces environnements censés pourtant incarner aux yeux des collaborateurs les valeurs – forcément singulières ! – promues par l'entreprise. Nous nous sommes étonnés de la réaction d'un grand patron se plaignant auprès de son directeur immobilier de l'absence d'âme des bureaux de sa filiale au Brésil alors qu'il avait lui-même, deux ans auparavant, lancé le principe d'une charte immobilière – visant des économies d'échelle substantielles – pour incarner de manière homogène les attributs de sa marque partout dans le monde. Nous sommes convaincus que l'adaptation de l'entreprise à son contexte local est importante pour prendre soin de celles et ceux qui chaque jour viennent apporter leur énergie au développement du projet de l'entreprise. Cette reconnexion au local passe aussi par l'ancrage de l'entreprise, comme lieu de travail, dans son territoire. Ainsi, la société Ubisoft, installée à Montreuil, a décidé, sous l'impulsion de ses collaborateurs, de mettre fin à son contrat avec Starbucks pour la gestion de sa cafétéria et de créer à la place des partenariats avec les petits commerçants du quartier pour offrir une multitude de services aux salariés de l'entreprise. Cela renforce l'attachement que ces « jeunes talents », appartenant à un secteur ultraconcurrentiel, auront vis-à-vis de leur entreprise. Cela fait sens

1. Voir à ce sujet l'étude que nous avons produite sous l'égide de l'Association des directeurs immobiliers (ADI), *Repenser les lieux de travail : le lieu de travail dans tous ses états !*, Paris, Éditions du Moniteur, 2017.

et contribue à faire de cette entreprise un géant mondial du *gaming* adoptant un modèle d'organisation multilocal, sous une bannière et une culture commune très fortes.

un signal d'appartenance

Nous le constatons chaque jour : qu'il s'agisse de la vie familiale ou sociale, de l'échange d'informations ou de l'acquisition de la connaissance, de l'entreprise et du travail, et même du champ politique, ce qui fait société ne semble plus être l'appartenance à une institution mais l'amarrage à un réseau actif d'individus en recomposition permanente, réseau affinitaire plus qu'identitaire, réseau de projets plus que d'appartenance historique. L'évolution du lien social se caractérise aujourd'hui par la montée en puissance d'un « individu relationnel », pour reprendre l'expression du socio-économiste Roger Sue [1]. Dans le monde du travail, cet individu relationnel cherche de plus en plus à affirmer sa singularité, qui peut se résumer par le triptyque idéal « je travaille où je veux, quand je veux et comme je veux ». Dès lors, l'entreprise n'apparaît plus comme une structure mais – le mot est à la mode – comme un « écosystème », une communauté de projets ouverte sur le monde extérieur, où les fournisseurs et les clients deviennent des partenaires. Or, dans un monde fluide et en plein bouleversement, la marque constituerait un repère fort, un marqueur d'appartenance pour celles et ceux qui s'y reconnaissent – consommateurs comme collaborateurs.

La marque est attractive parce qu'elle agit dans un sens précis, parce qu'elle dégage une certaine image, parce

1. Roger Sue, *La Contre-Société*, Paris, Les Liens qui libèrent, 2016.

qu'elle résonne avec un ensemble d'attitudes responsables. Les DRH le savent mieux que quiconque. La conscientisation des talents – ces jeunes diplômés que les entreprises s'arrachent – sur les questions de long terme les rend de plus en plus intransigeants face aux discours des communicants qui vendent et vantent une entreprise plus responsable qu'elle ne l'est en réalité [1]. Les DRH reconnaissent – nous en avons rencontré beaucoup en peine – qu'ils ne pourront plus s'en sortir avec une « marque employeur [2] » d'apparat qui collectionne les truismes managériaux ou exprime des promesses qui ne seront pas tenues. En effet, gare au retour de bâton : les talents attendent des faits et moins de discours. En outre, cette « marque employeur » ne prend pas seulement le risque d'être un simple objet de communication (parfois d'ailleurs très réussi, ne serait-ce que pour attirer l'attention de potentiels candidats), mais aussi celui de se focaliser uniquement sur les (futurs) salariés de l'entreprise. Notre plaidoyer pour une gestion étendue des ressources humaines [3] exige donc de poser les termes d'une « marque développeur » – que nous préférons à celle de « marque employeur » – qui intègre les engagements pris auprès des salariés mais aussi des partenaires, fournisseurs, indépendants et autres autoentrepreneurs qui contribuent chaque jour et pour un temps donné au développement de l'entreprise.

1. Le « Manifeste pour l'éveil écologique », lancé en 2018 à l'initiative d'étudiants de l'École polytechnique, HEC, l'École normale supérieure, Agro ParisTech et Centrale Supélec, a recueilli à l'été 2019 plus de 30 000 signatures (https://pour-un-reveil-ecologique.fr). Au cœur de ce texte réside l'idée que ces futurs jeunes diplômés choisiront leur poste en fonction du comportement écologique de l'employeur.
2. La « marque employeur » est l'image d'une entreprise auprès de ses employés et des candidats potentiels pour un recrutement.
3. Cf. chapitre précédent.

Ainsi, dans l'entreprise du futur, la marque constituera un signe de ralliement, un ancrage pour les salariés et les parties prenantes, une combinaison d'attributs, une bannière derrière laquelle s'engageront des personnes dans une démarche de solidarité, un fédérateur de confiance dans le monde tel qu'il va, plein d'incertitudes. Les marques qui ont de l'avenir sont celles qui sauront porter un vrai projet de société – au sens large – en identifiant quelques combats à mener, légitimes au regard de leur histoire, de leur activité, de leur culture, et crédibles au regard des moyens consacrés. Point de cosmétique ici, on l'aura compris !

l'expression d'un engagement social, environnemental et culturel

Nous l'avons vu dans la première partie de ce livre, le politique est en défaut sur de nombreux domaines que les citoyens se sentent prêts à prendre en main, directement ou par le truchement de leur engagement en tant que consommateurs ou collaborateurs d'une entreprise. Il en va ainsi, par exemple, des questions liées au chômage, à l'insertion des jeunes et des plus faibles ou stigmatisés sur le marché du travail, à l'égalité hommes-femmes ou, de manière plus vive encore, au réchauffement climatique. Les entreprises sont alors attendues pour pallier le pouvoir jugé défaillant des États. Nous pouvons le regretter, mais c'est un fait.

Nous sommes convaincus que les entreprises qui sauront se comporter de manière éthique et responsable, qui sauront s'engager avec sincérité et force dans des combats choisis et précis, seront celles qui réussiront le mieux économiquement demain. Les stratégies d'engagement sont multiples et les exemples - plus ou moins réussis - foisonnent. Pour dire les choses assez directement, nous ne croyons pas aux approches opportunistes de marques, nombreuses, qui prélèvent une part, minime, de leurs bénéfices, défiscalisés, pour soutenir des causes multiples et variées. Pourquoi Diesel finance-t-elle des ONG œuvrant pour le contrôle des armes à feu ? Pourquoi certaines entreprises s'exposent - et parfois s'opposent - politiquement, contre les annonces anti-immigrants du président Trump, comme la campagne de publicité de Budweiser lors du Superbowl mettant en scène son créateur immigrant allemand à la fin du XIXe siècle ou la proclamation du patron de Starbucks d'embaucher 10 000 réfugiés dans le monde d'ici à 2022 ? Certes, ces marques embrassent par ces actions des causes politiques soutenues par une majorité de leur cible de jeunes consommateurs américains ou sous influence de la culture américaine. Mais nous croyons que toutes ces marques, peut-être pétries de bonnes intentions, devraient en premier lieu concentrer leur énergie et leurs moyens financiers pour transformer leurs pratiques internes et les rendre plus respectueuses de l'environnement et des équilibres sociaux en général.

Aussi, plutôt que d'aider fiscalement ces initiatives éloignées de l'objet social des entreprises concernées, pourquoi ne pas soutenir publiquement leurs investissements pour rendre leur cœur de métier plus responsable ? Cela pourrait par exemple offrir la possibilité aux entreprises du secteur de la mode de financer les acteurs qui luttent contre la pollution des sols et des rivières à proximité des usines textiles, notamment en Asie du Sud-Est, ou encore à l'industrie agroalimentaire de financer la transformation vers une agriculture bio. En somme, si les entreprises veulent réellement faire de leur marque un étendard de ralliement, elles ne doivent pas, par des actions de philanthropie trop opportunistes pour être sincères, détourner le regard de leurs salariés et de leurs consommateurs des pratiques inhérentes à leur modèle économique actuel, non acceptables sur le long terme. Elles ont donc tout intérêt à concentrer leurs efforts sur leur transformation interne plutôt que sur le financement, à bon compte, d'« indulgences » qui ne tromperont bientôt plus grand monde.

De nombreuses voies existent, qu'il s'agisse de nourrir sa marque en prenant un ton plus militant ou en exprimant un point de vue inattendu, de se saisir de combats de société particuliers, ou même de développer de nouveaux produits ou services. La clé – la seule qui ait du sens sur le long terme – est de le faire dans son cœur de métier. Nous avons eu la chance d'accompagner un grand groupe dans la création d'un nouveau département international *brand culture*. La raison d'être de cette nouvelle organisation – directement rattachée à la direction générale et dotée d'importants moyens – était d'aider cette marque centenaire à s'inscrire dans son époque. Puisant dans son patrimoine, son histoire, son ADN, ce nouveau département avait pour objectif d'identifier les éléments de singularité qui, mis en résonance avec les aspirations des consommateurs-citoyens, les tendances et signaux faibles perceptibles aux quatre coins du monde, formaient une « concordance des temps » fertile pour se saisir d'un sujet avec la légitimité et la crédibilité nécessaires. Cette prise de parole inédite lui permettait ainsi d'apparaître au monde sous un nouveau jour et de se connecter avec des communautés de consommateurs porteuses de développement à long terme et de pratiques nouvelles. L'autre particularité de cette stratégie visionnaire tenait au fait qu'elle était portée en interne par des personnalités créatives venant de l'extérieur et non des profils *corporate*.

Cette attente de « plus de sens » devrait se retrouver aussi dans un rôle de transmission, voire d'éducation - osons le terme -, auprès des consommateurs. Nous sommes par exemple intervenus auprès d'une grande marque de cosmétiques pour l'aider à imaginer le futur de ses espaces de vente en Europe. Face à l'achat frénétique et exponentiel en ligne, cette marque s'interrogeait sur la valeur - au-delà du coût, lui très certain - que pouvait encore représenter son réseau de boutiques physiques pour ses consommateurs actuels et futurs. C'est très justement ce besoin de transmission qui a émergé de nos travaux, les consommateurs attendant que la marque leur propose un lieu pour apprendre et les aider à mieux consommer[1]. La marque peut complètement - et devra de plus en plus - jouer ce rôle de transmission de connaissances.

1. Ce fut notamment une demande forte de certains parents adeptes de la marque qui souhaitaient transmettre certaines valeurs à leurs enfants, revendiquant qu'il était de leur responsabilité d'aider leur progéniture à y voir clair dans le maelström de la communication et du marketing.

Mais déjà vous cherchez à cerner l'« impact positif » de votre marque, à le mesurer. Halte là ! Cela ne signifie rien en soi. Là encore, point de modèle ! Le sur-mesure est la seule solution. Considérez l'entreprise comme un corps vivant. Son ADN a évolué depuis le temps des fondateurs jusqu'à celui des développeurs. En fonction des générations et des époques, la combinaison des chromosomes s'est modifiée. La parole du dirigeant aussi se doit d'être « vivante » et performative. Elle doit dépasser le message informatif sur les valeurs, ambitions et objectifs en vue d'embarquer les collaborateurs ; construire un dialogue où chacun se reconnaisse et s'implique. Il faut cesser de communiquer pour parler. Le dirigeant doit abandonner la langue de bois et adopter un discours de vérité.

6. lâchez le pouvoir, osez le principe de subsidiarité

Nous avons côtoyé des milliers de managers, des dirigeants de grandes entreprises internationales comme de simples chefs d'équipe, et tous finissent par être confrontés à une triple difficulté :

- comment faire appliquer ses idées dans un monde où l'opinion et la liberté de chaque individu prennent le pas sur l'approche collective et le poids des institutions ?
- comment lutter contre son réflexe naturel d'omniscience et d'omnipotence et garder le contact avec la réalité ?
- comment répondre à une attente toujours plus forte de proximité et de retour au local ?

Certains, les plus lucides peut-être, nous disent la faiblesse de leur pouvoir, le sentiment de n'être plus à la page, de douter même de ce qu'il faut faire, de se sentir déconnectés du terrain. Et pourtant ils se savent responsables et doivent bien, chaque jour, prendre nombre de décisions. Nous pensons qu'il est grand temps qu'ils basculent dans une autre réalité organisationnelle et managériale en engageant un combat sincère et déterminé contre leurs réflexes hérités du monde ancien, ceux d'un pouvoir centralisé et d'une culture dévoyée du chiffre. Ces transformations sont urgentes, les attentes sociales de plus en plus vives risquent fort, si elles ne trouvent pas de réponse dans une évolution pacifiée du monde économique, de se transformer en actions violentes et destructrices.

influence et délégation, les nouveaux attributs de l'autorité

Organisation a-hiérarchique, entreprise libérée, holacratie[1] : la littérature managériale est pleine de concepts qui tous remettent en cause le fonctionnement hiérarchique des organisations. En 2015, nous sommes allés à la rencontre des équipes de Zappos, entreprise de vente par Internet de chaussures, filiale d'Amazon, implantée à Las Vegas, et star de l'holacratie. L'expérience fut déroutante : culte du chef (Tony Hsieh), esprit de bande, absence de management intermédiaire, liberté totale d'aménagement des espaces de travail[2], culture d'entreprise portée aux nues par tous et reprise en boucle dans le livre-bible sur l'histoire de l'entreprise. Est-ce là le modèle d'organisation du futur ? Il nous a semblé, en réalité, que cette « libération » de l'organisation avait été remplacée par une forme d'endoctrinement, une nouvelle sorte d'évangélisme managérial. Et puis, avouons-le, l'immense majorité des entreprises sont, face à ce concept de libération des organisations, comme une poule devant un couteau. Passé les conférences, TED et autres shows dits « inspirants »

1. Système d'organisation de la gouvernance fondé sur la mise en œuvre formalisée de l'intelligence collective.
2. Les équipes des ressources humaines habitaient dans une véritable jungle artificielle remplie de peluches géantes – l'esprit extravagant de Vegas, certainement.

dont sont friands les cadres d'entreprise, le chef reste le chef et les organigrammes n'ont pas disparu, loin s'en faut. Même les start-up, icônes de l'entreprise moderne, regorgent de postes aux titres ronflants qui indiquent à celle ou celui qui vient d'arriver qu'elle ou il sera sous la responsabilité de celle ou celui qui est arrivé le mois dernier. Selon nous, la remise en cause de la verticalité dans les entreprises est moins un problème de libération des organisations qu'une crise profonde des attributs de l'autorité et de son corolaire, la responsabilité.

Ce nouveau monde dit « horizontal » ne fait pas disparaître la notion d'autorité mais lui impose une profonde mutation. Quand les frontières de l'entreprise sont de plus en plus poreuses, quand l'accès à l'information est presque immédiat, quand chacun est invité à affirmer sa singularité, aucune autorité n'est reconnue a priori, elle est toujours à conquérir. Au-delà de l'expression d'une vision - qui a toujours été une qualité nécessaire à la conduite d'une organisation -, les dirigeants et les managers doivent de plus en plus se comporter comme des agents d'influence, c'est-à-dire des personnalités qui savent mettre en scène leurs idées et jouer de leurs réseaux internes et externes pour les diffuser. Aujourd'hui, la chaîne hiérarchique et la parole de prétendus experts externes mandatés par la direction générale permettent de moins en moins d'imposer à la fois une vision et des modalités d'action ; il ne suffit plus d'avoir un pouvoir, il faut aussi gagner la bataille des idées. Nous avons constaté que les dirigeants - et les cadres en général - ont encore du mal à comprendre que le *soft power*, connu depuis fort longtemps en géopolitique, prend aujourd'hui une place prépondérante dans le fonctionnement des organisations. Obsédés par les organigrammes ou la répartition des effectifs, ils élaborent plus difficilement une stratégie d'influence afin d'assurer la mise en œuvre de leur vision. On peut parfois reprocher aux grands dirigeants de la Silicon Valley de vouloir imposer leur vision du monde, il faut néanmoins reconnaître qu'ils ont parfaitement compris que leur capacité à influencer leurs collaborateurs, leurs clients, l'ensemble de leur environnement était un élément-clé de leur réussite.

Début 2019, le baromètre Mazars/OpinionWay pointait un désir très fort de responsabilisation et d'autonomie des jeunes générations : « 73 % souhaitent que l'entreprise leur permette d'organiser leurs horaires de travail, 59 % veulent télétravailler autant qu'ils le désirent, et ils sont pratiquement un sur deux (47 %) à vouloir être autonomes. Le fait d'être responsabilisé va même jusqu'à pouvoir participer aux décisions stratégiques de leur entreprise (42 %). Du coup, 80 % d'entre eux sont prêts à beaucoup travailler, à condition de pouvoir gérer leur temps et adopter leurs propres méthodes de travail. Et 26 % de ces jeunes souhaitent être considérés d'égal à égal par leur manager, qui devient de fait une sorte de coach[1]. » Cette situation impose aux managers de savoir déléguer, c'est-à-dire de savoir se focaliser sur le pourquoi – et les règles de vie commune les plus simples possible –, et non sur le quoi et le comment. Cette pratique managériale repose sur une évolution des modes

1. Étude réalisée auprès de 2 000 personnes âgées de 15 à 34 ans, reprise dans *Le Monde*, 30 juin 2019.

d'apprentissage : dans les entreprises comme ailleurs, les jeunes générations veulent apprendre en faisant, en échouant parfois, mais surtout pas en obéissant.

Cette remise en cause de l'autorité est très forte, d'autant plus que ces « nouveaux entrants » ont le sentiment que les dirigeants sont déconnectés des réalités du monde actuel, ce qui est en partie vrai tant ce monde est – comme nous l'avons décrit dans la première partie – au bord d'un grand basculement vers de nouveaux modes de pensée et d'action. Les dirigeants et les managers n'ont donc dans leur ensemble d'autre voie que celle de lâcher une part de leur « souveraineté » et d'accepter que le principe de subsidiarité soit enfin la règle dans les modes d'organisation ; c'est-à-dire que chaque décision soit prise et que chaque problème soit traité au niveau le plus pertinent de l'organisation. Ce principe, dans un monde de plus en plus horizontal, est à la fois une source d'efficacité, d'apprentissage, de responsabilité. Or, nous avons trop souvent constaté les abus de pouvoir des fonctions de tête de groupe, souvent hypertrophiées, obsédées par le contrôle et la remontée d'informations comme pour justifier leur utilité. Alors qu'elles devraient se comporter en agents d'influence et de mobilisation, en producteurs de sens, elles s'érigent trop souvent en contrôleurs, en chefs d'autant moins pertinents qu'elles sont bien loin des réalités.

préférez le raconting au reporting

Cela fait bien longtemps que nous militons pour redonner toute sa place au récit dans la gestion des entreprises. Rendons à César ce qui appartient à César, le terme « raconting », peu élégant mais très parlant, nous a été soufflé par des travaux anciens [1] produits par l'École de Paris, dans le cadre d'un séminaire sur la vie des affaires et notamment sur la place du récit dans la bonne gestion des projets. Combien de fois avons-nous entendu des dirigeants se plaindre de reportings pléthoriques dont ils ne savaient que faire ? Et pourtant, les entreprises continuent de produire de façon presque pathologique des milliers de pages de tableaux de bord sans presque jamais questionner leur utilité. Or celle-ci a été largement dévoyée : dévoyée par une vision trop financière de l'entreprise, dévoyée par un manque de courage et d'humilité de certains dirigeants ou managers, préférant au contact direct ou à la relation humaine le voile pudique et impersonnel des tableaux de chiffres. Est-ce si étonnant quand on sait le temps que les étudiants d'école de commerce passent à apprendre comment présenter des business plans ou autres « pitchs » de start-up révolutionnaires auprès de fonds d'investissement ou de directions générales ? Qu'en est-il de l'apprentissage des échanges avec ceux, plus nombreux, qui sont les exécutants de leurs décisions, les ouvriers, les employés ? Qu'en est-il de l'apprentissage de ce contact plus direct car plus humain qui, s'il n'exclut pas la matérialisation par les chiffres, remet au premier plan l'expression du sens d'une décision ou des difficultés rencontrées par ceux qui doivent l'exécuter ?

1. « Savoir honorer », *Le Journal de l'École de Paris du management*, n° 23, mai-juin 2000.

Regardons les choses en face. Trop souvent les reportings sont faits, au sein des entreprises, pour expliquer aux salariés ou aux fournisseurs pourquoi ils vont gagner moins ; a contrario vis-à-vis du marché et des financeurs, ils servent à démontrer que les résultats financiers de demain seront bien meilleurs que ceux d'aujourd'hui. Sous couvert d'une prétendue véracité du chiffre, on rend plus difficile à ces interlocuteurs l'identification de la part fictionnelle, pour ne pas dire mensongère, de ce qui est présenté. L'entreprise, enferrée dans un monde hyperfinanciarisé, prête au chiffre un a priori de véracité et au mot un a priori d'imprécision. Nous sommes convaincus que c'est une erreur, car le récit permet de mieux rendre visibles les informations tacites, de donner du sens à l'action et de restituer la complexité d'une situation.

Il n'est pas anodin que Jeff Bezos chez Amazon ait prôné auprès de ses collaborateurs la suppression des *powerpoints*, réceptacles sans fin de camemberts et autres tableaux de chiffres incompréhensibles, pour remplacer ces présentations par des notes rédigées de quatre à six pages. En début de réunion, chacun prend une vingtaine de minutes pour lire avec attention le mémo, puis une séance de questions-réponses est organisée. Les adeptes de l'expression écrite savent bien qu'il est plus difficile de rédiger une note de quelques pages qu'une présentation d'une vingtaine de *slides*, car la structure narrative d'un bon mémo force à réfléchir plus et à mieux hiérarchiser les informations. Certains nous disent que les managers et les dirigeants manquent de temps et qu'il est plus rapide de lire un tableau de bord que d'avoir un échange avec un collaborateur. Nous répondons inlassablement que la lecture d'un tableau de bord qui comprend plus de trois chiffres est toujours une perte de temps, et qu'un bon manager – et beaucoup le sont – n'a en réalité pas besoin de plus de dix à quinze minutes pour savoir « si ça va » ou « si ça ne va pas » et quelle est la cause principale des dysfonctionnements (ce qui est finalement la seule raison d'être d'un tableau de bord). Il nous paraît beaucoup plus utile qu'un dirigeant ou un manager prenne le temps de parcourir les bureaux, les usines, les boutiques pour saisir les réalités du moment que de batailler en réunion pour comprendre le sens de tel ou tel tableau ou graphique qui lui présente, trop souvent, une vision tronquée de la réalité.

Nous avons été confrontés à ces moments de vérité où la novlangue managériale, la mécanique quantitative bien huilée s'effondraient face à un parler vrai, face à des demandes d'explication simple d'une réalité parfois complexe. C'est dans ces moments qu'on se sait (ou pas) responsable, dans ce contact direct où ce qui est en jeu est sa capacité à convaincre à travers une relation humaine authentique et une explication de la situation qui puisse faire sens auprès de ses interlocuteurs. Dans ces moments déterminants, le choix des mots, les gestes et les regards disent (ou pas) la franchise et la détermination de celle ou de celui qui dirige.

pour une nécessaire décentralisation des grandes entreprises transformées en confédération d'entreprises de taille intermédiaire

Nous avons beaucoup dit dans la première partie de ce livre que les entreprises sont confrontées à un monde où la demande de proximité, l'attrait pour le local sont de plus en plus prégnants. Le monde horizontal auquel nous faisons référence n'est pas un espace plat sans limites ou uniforme, bien au contraire. Une grande majorité de consommateurs, de salariés et de citoyens en général ne veulent plus d'une mondialisation qui, sous couvert de profits supplémentaires (de moins en moins partagés) et de prix bas (permettant de consommer toujours plus de produits de moins en moins utiles), remet en cause les liens de solidarité tissés entre le producteur et le consommateur, entre l'investisseur et l'entrepreneur, l'actif et l'inactif, le dirigeant et l'employé. Or, aujourd'hui, la grande entreprise est trop souvent l'incarnation du découplage de ces différents liens socio-économiques : la retraite de l'instituteur de l'Ohio, financée par des fonds de pension, est payée par les gains de productivité des ouvriers en Haute-Silésie ; les dirigeants d'entreprise n'habitent plus dans les villes, les pays, voire les continents, où la majorité de leurs salariés vivent ; les étudiants californiens de Berkeley se font livrer par des robots, les *kiwibots*, pilotés à distance par des employés colombiens payés 2 dollars de l'heure[1] ; les produits que nous consommons font des milliers de kilomètres avant d'arriver dans notre assiette. Pire encore, les grandes entreprises mondialisées ont séparé

1. Annick Berger, « Les robots-livreurs autonomes étaient contrôlés depuis la Colombie pour 2 dollars de l'heure », www.msn.com, 29 août 2019.

les chaînes de valeur de production (qui permettent de créer la valeur d'usage d'un produit à travers sa conception, sa production et sa distribution) des chaînes de valeur financière (qui, à travers des circuits complexes de remontée de bénéfices, permettent de maximiser les gains financiers au profit d'un nombre de plus en plus limité de bénéficiaires et au détriment d'une fiscalité par nature redistributive). Cela signifie que pour nombre de ces entreprises, les territoires où sont produits et commercialisés leurs biens et services sont de plus en plus décorrélés des territoires où sont constatés leurs bénéfices. Nous pensons que cette forme de mondialisation sera dévastatrice pour les entreprises au regard de l'évolution perceptible sur presque l'ensemble de la planète des attentes sociales. Il ne s'agit pas pour nous de prôner le repli sur soi ou de remettre en cause l'idée que des entreprises puissent se développer à l'international, mais nous pensons qu'elles doivent le faire différemment.

À l'inverse du modèle des entreprises mondiales fortement centralisatrices qui jouent au mieux des économies d'échelle, de l'uniformisation forcée des modes de consommation et de la réduction du paiement de l'impôt, nous croyons à l'émergence de « confédérations entrepreneuriales » où la diversité fait la résilience et l'agilité, où les décisions stratégiques sont prises par ceux qui devront en assumer l'impact social et environnemental, où la production se rapproche de la consommation, où le profit se rapproche de l'effort. Ces confédérations constituées de multiples entreprises de taille intermédiaire ont pour vocation de retisser sur les différents territoires les liens socio-économiques que la mondialisation effrénée a fini par briser. Ces nouvelles entités entrepreneuriales pourront être locales, nationales, continentales ou mondiales, et avoir en commun une marque unique donnant à voir une façon d'agir non pas uniforme dans le monde entier mais cohérente avec la diversité réelle des marchés auxquels elles s'adressent. Elles pourront se doter d'une constitution commune et d'organes de dialogue qui auront pour fonction de partager les expériences et de réguler les conflits. Pour les grandes entreprises actuelles, cela imposera de profondes transformations organisationnelles mais elles sont, selon nous, inéluctables. Il faudra, sur le modèle coopératif, redonner le pouvoir aux parties au détriment du tout, sans pour autant remettre en cause sa portée internationale par sa capacité à accueillir en son sein des entreprises ancrées dans d'autres territoires. Les fonctions centrales seront très fortement allégées, devenant ainsi des instances de régulation, de partage d'une vision et non de décision. Plus important encore, ce qui fera le ciment de ces organisations sera l'opportunité et l'envie partagée de porter ensemble un projet de développement utile à chacun et non une soumission à une supra-autorité centralisant les profits et déléguant les pertes : finalement, le tout sera enfin au service des parties et non l'inverse.

7. gérez votre entreprise comme un cirque

De quoi sera fait l'avenir ? Pensez-vous que les produits ou services vendus par votre entreprise aujourd'hui resteront attractifs aux yeux des citoyens de demain ? Considérez-vous vos parties prenantes immuables ? Pensez-vous que la stratégie de votre entreprise est tenable dans la durée ? Croyez-vous seulement pouvoir prévoir le contenu futur de l'activité même de votre entreprise ? Cessons de nous bercer d'illusions, il n'est plus possible de se contenter de lire l'avenir dans le rétroviseur.

Nous sommes tous un peu paumés. Reconnaissons-le. Dans un environnement devenu si complexe, l'enjeu est de bâtir des organisations ou des entreprises capables d'explorer l'inconnu. La mission des responsables et de celles et ceux qui souhaitent entreprendre, là où ils sont, consiste selon nous à créer un monde économique dans lequel l'accélération continue n'est plus la règle absolue ; un monde économique qui n'évalue plus la réussite sur les seuls critères financiers ; un monde économique qui ne mise plus sur une consommation et un désir sans fin ; un monde économique qui ne pille plus notre terre aux ressources limitées ; un monde économique qui n'envisage plus la planète comme un terrain de jeu homogène. Bref, un monde économique qui ne rime plus systématiquement avec accélération, hyperfinanciarisation, ultraconsommation, carbonisation, mondialisation ; mais davantage avec décélération, définanciarisation, déconsommation, décarbonisation, démondialisation. Cette bascule est souvent source de schizophrénie dans les entreprises. Les discours sont éclairés et engagés, mais les actions au quotidien disent tout le contraire : c'est le *business as usual*[1].

Pour tenter de résoudre cette contradiction et traduire les paroles en actes, il faut finalement se demander comment une entreprise doit aborder l'inconnu. Peut-être en acceptant la seule certitude : l'incertitude. Faire de l'inconnu un allié. L'instabilité liée au renouvellement permanent des objets à concevoir, des frontières sectorielles et des compétences nécessaires pourrait pousser les dirigeants à reconsidérer la valeur de leurs stratégies futures et à dessiner pour leur entreprise une « mission expansive ». Pour ce faire, commençons par nous rappeler les conseils de Kevin Levillain[2] : oublier le *re-use* de potentiels déjà développés ; déstabiliser le connu par l'ajout d'un élément inconnu ; ajouter une « chimère » originale qui bouscule les certitudes. Et surtout, fixer des critères de solidarité entre les parties qui pourront alors pleinement s'engager vers le futur et accepter le changement car il ne se fera pas à leurs dépens.

Finalement, une entreprise qui marche tourne un peu comme un cirque. Tout n'est pas prévu parce que tout n'est pas prévisible. Les savoir-faire et les spécialités s'avèrent multiples. L'activité évolue avec le temps. Les plus âgés occupent leur place et l'acceptent. La solidarité

1. Faire comme d'habitude, agir comme si de rien n'était.
2. Kevin Levillain, *Les Entreprises à mission*, *op. cit.*

intra et intergénérationnelle se trouve sans faille. Le cirque décline son thème et ses rythmes. Dans cet ordre des choses et dans un climat de confiance et de bienveillance, chacun improvise son numéro... avec brio.

l'art du rythme, de la mise en scène et de l'improvisation

Dans un environnement qui bouge continuellement, la capacité d'improvisation nous paraît sans nul doute plus utile à celle de l'exécution parfaite d'une partition bien établie. L'on nous parle d'agilité, et même si le mot est un peu trop à la mode[1] – et à tout le moins dévoyé –, il s'agit bien pour les entreprises, et en premier lieu leurs responsables, de faire montre d'improvisation dans le chaos. Tel un joueur de jazz rejoignant, le temps d'un concert, un quintet qu'il ne connaît pas. Son écoute, son observation, son adaptation seront essentielles pour trouver le bon rythme et poser les bases d'un dialogue harmonieux, reliant sa création à celles des autres membres du groupe. Réagir vite et rebondir, l'« impro » est intrinsèquement liée à la culture jazz. Toutefois, improviser ne signifie pas faire n'importe quoi, n'importe comment. En réalité, un certain nombre de règles sont à respecter. Le contrebassiste, pianiste et compositeur de jazz américain Charles Mingus l'a formulé clairement : « On ne peut pas improviser sur rien. On doit improviser

1. L'agilité est en effet devenue le maître mot dans les entreprises. À l'origine, il s'agissait d'une méthode de développement de logiciels informatiques – la méthode agile – dont le principe repose sur la décomposition du besoin du client en plusieurs sous-parties amenant le client à donner son retour tout au long du processus de fabrication. Cette approche est progressivement sortie de son champ de production informatique pour décrire un état d'esprit (un peu flou, reconnaissons-le) qui souffle sur l'ensemble du monde professionnel.

sur quelque chose. » Il est nécessaire en effet de s'appuyer sur une structure minimale – une « grille » partagée – pour permettre une autonomie maximale de chacun des membres. Il s'agit en quelque sorte d'établir un ordre... sans ordre. Car, ne nous y trompons pas, en jazz comme dans le monde de l'entreprise, organiser, ce n'est certainement pas mettre de l'ordre – situation insupportable proche de la mort –, c'est mettre de la vie. La « grille » de l'entreprise, c'est un ensemble composé d'une histoire, d'une culture, d'une mission – nous y revenons. Une base commune associée à la marque à laquelle chacun peut se référer, se raccrocher, qui renforce le collectif, rassure et libère en même temps. Dans le bouleversement permanent ambiant, il est essentiel selon nous de protéger ce socle d'intangibles pour aider l'entreprise à se projeter dans son avenir. Aussi, en périodes d'incertitude, attention à la tentation de l'agitation. Nouveaux concepts et modes managériales séduisent les plus paresseux au sein des directions innovation ou RH et s'immiscent au cœur des organisations : séminaires, formations, coachings s'enchaînent pour être plus agile – cette fois dans le mauvais sens du terme – et accélérer le mouvement. Oui, mais vers où ? Ça, on ne le sait pas...

L'improvisation peut également être source d'erreur et c'est une très bonne chose. Là encore, référons-nous à un jazzman, Coleman Hawkins, qui déclara que, dans son art, « si tu ne fais pas d'erreur, c'est que tu n'essaies pas vraiment ». Inhérentes à cette discipline, les erreurs poussent les musiciens à aller plus loin, à sortir de leur zone de confort. On peut prendre n'importe quelle mauvaise situation et la transformer en une bonne situation. Les erreurs sont ainsi considérées comme une source d'apprentissage. De même qu'au cirque un artiste qui « rate » son numéro le retente systématiquement dans la foulée, cela fait partie du spectacle. Dans l'entreprise, ne pas reconnaître le droit à l'échec, c'est explicitement promouvoir les interminables - et autant le dire, inutiles - comités de pilotage où les vrais problèmes ne seront jamais abordés[1]. Plus grave, cela peut entraîner un vrai blocage au sein d'une organisation. Nous avons vécu la situation en participant la même journée à deux réunions sur un thème identique (que faire d'un réseau de distribution à l'heure du digital ?) vu par deux organisations différentes : un grand groupe en pleine santé et une société familiale plus que centenaire mais plus fragile économiquement. Dans le premier cas, nous avions les meilleurs spécialistes maison autour de la table, bardés de diplômes et de responsabilités - mais aussi de pressions et d'enjeux personnels divers. De l'autre, nous étions avec un jeune homme de 23 ans, l'un des futurs héritiers de l'affaire familiale, chargé, en pleine responsabilité, par l'équipe dirigeante de trouver une solution à la question. Contraste saisissant. Les premiers étaient incapables de prendre la moindre décision, les propositions des uns se voyaient immédiatement balayées par un « oui, mais si... » des autres, et surtout le spectre du patron (absent) était écrasant (« je ne crois pas que Paul serait en ligne avec ça »). Bref, la peur de l'échec - celle qui pétrifie et

1. Nous avions d'ailleurs proposé la définition suivante pour le « comité de pilotage » dans notre *Word Business Review* : « endroit où l'on fait semblant de maîtriser quelque chose devant des chefs qui font semblant de s'intéresser ». Bien sûr, les décisions se prennent ailleurs... et avant.

annihile toute tentative d'action – s'était introduite dans le groupe et l'a rendu stérile. Cette entreprise avait pourtant largement les moyens de tester de nouveaux modes de distribution, de prendre le risque d'avoir un temps d'avance sur ses concurrents. Deux heures de réunion – au taux horaire de ces cadres dits « stratégiques », c'est une gabegie ! – pour rien. Bien entendu, le patron ne manqua pas de leur dire qu'ils n'étaient pas au niveau. La boucle était bouclée. L'après-midi, changement radical : le jeune homme de l'entreprise familiale devait lui aussi faire des propositions à la direction de l'entreprise sur l'avenir de son réseau de distribution, mettant en jeu l'activité même de cette affaire familiale et, par la même occasion, les quelque 300 salariés de ses boutiques. Très forts enjeux donc, mais confiance totale des dirigeants, considérant d'ailleurs que cette expérience périlleuse faisait partie du parcours de formation du futur patron. Les idées fusaient, les risques étaient sereinement évalués, les convictions clairement exprimées et solidement ancrées sur le socle de la culture et de l'histoire de l'entreprise. Quelques semaines plus tard, de premières expérimentations furent lancées. Agir, essayer pour voir.

Il est en effet essentiel dans une entreprise, quelle que soit sa taille, de réussir à conjuguer exécution et expérimentation. Nous rencontrons encore trop souvent chez nos clients ce besoin de tout verrouiller en amont, avant que l'exécution d'une nouvelle idée soit lancée. Le vrai risque est alors que le concept « processisé » perde toute saveur et arrive sur le marché après tout le monde. Nous croyons au contraire à l'apprentissage par l'action (*learning by doing*), à l'expérimentation à petits pas, à l'adaptation itérative. C'est la démarche que nous avons mise en place lorsqu'un groupe international de luxe nous a demandé de réfléchir à l'expérience client dans ses boutiques ; ou un opérateur ferroviaire, au futur du train de nuit. Pas de grand discours générique - ces deux entreprises croulant déjà sous des montagnes d'études prospectives plus ou moins crédibles -, mais de l'action, mobilisant l'ensemble des parties prenantes (clients, collaborateurs, partenaires), frugale dans sa réalisation, inscrite dans la réalité de l'objet à transformer et ancrée sur le territoire. C'est ainsi que nous avons embarqué 80 personnes, internes comme externes à l'entreprise, le temps d'un voyage dans un train de nuit pour imaginer, avec eux, le train de nuit du futur[1].

Finalement, et pour reprendre l'exemple du joueur de jazz, le plus important nous semble être la capacité des dirigeants et managers à travailler leur spontanéité pour être en mesure d'interpréter des signaux faibles, traiter des informations incomplètes, faire face à une situation inédite et agir de toute façon. Cela ne peut se faire qu'à la condition d'installer un environnement de confiance et de sérénité qui facilite audace et prise de risque.

un voyage vers l'inconnu, une aventure commune

L'époque demande aux acteurs économiques d'être innovants, singuliers et inspirés. L'entreprise se doit d'être une aventure pour les talents, ces explorateurs contemporains. Mais quel territoire conquérir pour chercher

1. Pour en savoir plus : https://vimeo.com/219110711

– et trouver – l'innovation ? Le nouveau Far West a été la Silicon Valley. Des pépites y sont nées, alors maintenant tout le monde s'y réfère, c'est devenu *mainstream*. Alors que regarder ? Vers quel nouvel horizon se tourner ? Où puiser l'inspiration pour inventer quelque chose de neuf ?

Parfois, cet ailleurs n'est pas si éloigné – en apparence du moins. C'est ce que nous avons tenté d'initier en portant une démarche de réflexion sur la « stratégie nocturne » des entreprises[1]. Cette idée – un peu folle, nous l'admettons – est née de l'intuition que la nuit était un espace-temps encore très (ou trop) peu pensé par les entreprises et pouvait alors représenter un réel territoire d'innovation. En effet, la nuit apparaît comme un espace-temps de respiration – qui nous permet de reprendre notre souffle après une journée chargée – mais aussi de transgression – où l'on s'autoriserait ce qui est impensable le jour – ou de création – à travers son mystère et sa poésie, sources d'inspiration de nombreux artistes. Ainsi, la nuit peut être vue comme le laboratoire idéal pour tester de nouvelles expériences. Par exemple, les entreprises pourraient questionner leurs pratiques managériales diurnes à l'aune de l'organisation du travail de nuit souvent porteur d'une plus grande solidarité, d'un plus fort engagement et d'une chaîne hiérarchique plus courte – pour ne pas dire inexistante.

Déplacer le regard, sortir du cadre et de la zone de confort, bousculer les repères. C'est ce que fait Miles

1. En 2015, Quartier Libre a initié un cycle de conversations sur le thème « Urbanuité : ce que la ville du futur devra à la nuit », invitant des dirigeants, des artistes, des experts des questions urbaines autour de quatre thématiques : ville intelligente, santé, culture, digitalisation.

Davis lorsqu'il invite son quintet à enregistrer, sans avoir répété au préalable, son *Blue in Green* composé sur une base à dix mesures au lieu des huit ou douze habituelles. Un chef-d'œuvre. Il appartient ainsi aux dirigeants de provoquer ces moments de rupture qui déstabiliseront autant qu'ils libéreront. Les voyages d'études sont de bons moyens de déplacer les réflexions dans un contexte inédit, vierge de toute représentation et d'enjeu direct, à condition, toutefois, de fuir absolument le tourisme *corporate* et autres destinations « à la mode ». Ces explorations ou voyages apprenants (*learning expeditions*) seront d'autant plus efficaces - au sens de déroutants et donc potentiellement inspirants - qu'ils seront bâtis sur mesure (à partir des questionnements de chacun des participants, les obligeant ainsi à se dévoiler et s'exposer) et embarqueront les différentes parties prenantes - et non uniquement les directeurs ou hauts potentiels comme une récompense. Nous avons conçu un tel dispositif à la demande d'un grand groupe du BTP qui devait imaginer le réaménagement d'un quartier urbain en France. Le temps d'un voyage dans une ville européenne aux caractéristiques approchantes, les différentes parties prenantes invitées ont pu se rendre compte que leurs lectures du monde (et donc leurs références en matière d'habitat, de lieux de vie ou de consommation, d'espace de travail) étaient souvent significativement différentes, que cette divergence de perception pouvait être source d'incompréhension et de conflits à venir, mais aussi qu'elles pouvaient, à partir de cette expérience commune, partager un même vocabulaire et une grammaire qui aident au développement du projet par la suite.

osez le confit, cherchez l'altérité

Si le commun est important, il ne doit pas signifier recherche du consensus à tout prix. À une époque où tout se mesure, où tout se note sur cinq étoiles, où l'on nous pousse à chercher ce qui nous ressemble dans notre vie affective comme dans nos choix de lecture, le goût du conflit peut paraître anachronique. Et pourtant, il est hautement salutaire.

Le Cirque du Soleil est souvent cité en exemple pour la singularité de son modèle de développement et son style de management, sous la direction de son fondateur, Guy Laliberté. Ce dernier pousse ses équipes à prendre des risques, à expérimenter. Il crée sciemment des zones de tensions – il parle même de « collisions » – entre les équipes de création et celles de production, cherchant un point d'équilibre instable entre chaos et précision, confrontant le plus longtemps possible artistes et experts pour ne rien perdre en énergie ni surprise dans les solutions qu'ils finiront par proposer. Ce conflit est même intériorisé chez les performeurs qui, en tant qu'anciens athlètes de haut niveau, attendent des directives et la sanction du juge, tandis que le cirque requiert l'expression d'une émotion artistique toute personnelle pour un public.

Ainsi, le doute, les tensions, les divergences sont-ils propices pour que quelque chose d'inattendu surgisse, que l'entreprise sera spontanément en mesure de saisir pour en retirer de la valeur. Nous avions rencontré un dirigeant très intéressé par notre expérience de « résidence d'artistes en entreprise [1] » et désirant reproduire le dispositif dans son organisation. L'entrevue a tourné court lorsqu'il nous a demandé quels étaient le taux de satisfaction des collaborateurs face à une telle démarche et plus globalement les KPI [2] que nous avions définis pour piloter ce projet. Nous lui avons répondu que nous n'avions rien fixé à l'avance (ne pas avoir d'objectifs préétablis est bien le meilleur moyen de tous les atteindre !), que le dispositif avait probablement créé plus de tensions que de satisfactions (c'était vivant et provoquait des conversations inédites au sein de l'entreprise) et que nous avions d'ailleurs arrêté dès lors que les salariés plébiscitaient l'arrivée du prochain artiste. Il nous a remerciés, déçu de n'avoir pas trouvé dans ce dispositif son outil miracle d'innovation. Mais à chercher à innover sans prendre de risque, il n'y a pas de miracle possible !

la solidarité et la transmission

Pour que ce chaos soit acceptable, il faut, dans le domaine du cirque comme dans celui de l'entreprise, que certains fondamentaux soient respectés. Le cirque est avant tout vécu comme une œuvre commune, valorisant les compétences et le potentiel de chacun. C'est un véritable alliage de talents très différents qui fait l'œuvre. Chacun en est coauteur. La star d'un jour peut sortir de la lumière au profit d'un autre. La solidarité entre les membres est clé et,

1. Entre 2008 et 2011, Eurogroup Consulting a accueilli quatre résidences d'artistes plasticiens (Igor Antic, Renaud Auguste-Dormeuil, Barbara Noiret, Collectif 1.0.3), sur des périodes de six mois dans le quartier de la Défense à Paris. Chaque résidence a donné lieu à une exposition ouverte au public, assortie d'un catalogue.
2. *Key performance indicators*, en français « indicateurs-clés de performance ».

lorsqu'un incident technique ou humain intervient, c'est justement cette solidarité qui est mise à l'épreuve suivant l'expression populaire « *the show must go on* », signifiant ainsi que la représentation devra se dérouler jusqu'à son terme.

La solidarité joue également entre les générations. Les très jeunes côtoient leurs aïeux sur la piste. Les capacités des uns venant épouser les faiblesses des autres, que cela se traduise en termes d'expérience ou de force physique. Chacun y trouve sa place, en piste ou en *backstage*. Les besoins aux différents temps de la vie sont naturellement pris en compte, avec leurs spécificités, leurs limites aussi. La formation est permanente, la transmission des savoir-faire se nourrit de créativité et réciproquement. Cette forte culture collaborative s'appuie sur une capacité à réorienter les projets en permanence si nécessaire. L'entreprise gagnerait à s'inspirer de cet univers. Les strates générationnelles sont encore trop marquées et cela a pour corollaire de monter les groupes les uns contre les autres de manière souvent caricaturale - les vieux ne veulent pas lâcher le pouvoir, les jeunes sont désengagés et, entre les deux, c'est la crise existentielle. Il y a probablement d'autres pistes à creuser. Nous nous attachons ainsi autant que possible à mêler les générations au sein de nos missions. Ce n'est pas un effet d'affichage et nous sommes profondément convaincus de l'importance de l'incarnation pour porter des convictions.

Ainsi, lorsque nous avons accompagné une grande marque de champagne dans sa stratégie de repositionnement, la question de l'attrait que pouvait représenter cette marque dans les modes de consommation des jeunes était traitée auprès du conseil d'administration par une consultante de 22 ans ; lorsque nous nous sommes intéressés aux marques de cosmétique qui cherchent à inventer de nouveaux modèles pour les *millennials*, nous avons demandé à une jeune femme afro-américaine, étudiante au MIT (Boston) et animant un blog beauté, de nous dire quelles étaient ses dix marques préférées et de nous expliquer pourquoi. Leur avis personnel a, selon nous, autant de valeur que celle d'un prétendu « expert » qui aurait compilé des centaines de pages d'études (souvent déjà accessibles sur le Web) pour produire son avis (souvent le fruit de l'analyse de ses propres étudiants, main-d'œuvre gratuite et corvéable, ne soyons pas dupes). Ainsi, mélangez les profils, les compétences, les âges pour constituer une troupe qui fera un show unique !

conclusion

Nous voici rendus au terme de notre propos. Ni catastrophistes ni béatement optimistes sur l'avenir de notre système économique, nous avons voulu, à travers cet ouvrage, contribuer au débat sur la nécessaire évolution de l'action des entreprises dans la société. Le lecteur averti ou attentif aura certainement perçu les grandes hypothèses qui ont structuré notre approche, mais peut-être est-il utile, à ce stade, d'y revenir.

Notre première hypothèse, la plus conséquente peut-être, et de plus en plus partagée, est que notre système économique est à l'aube d'une profonde remise en cause. Parce que l'accumulation sans limite de richesses dans un système à croissance structurellement faible ne permet plus d'améliorer le « bien vivre » du plus grand nombre. Les rouages du modèle vont vriller : le consommateur déboussolé, le salarié épuisé et le citoyen énervé seront les soldats plus ou moins violents de cette révolution économique.

Notre deuxième hypothèse est que les populistes de droite comme de gauche ne sont aucunement porteurs d'un avenir meilleur car ni l'action politique menée exclusivement au niveau national, ni le repli identitaire, ni le collectivisme généralisé n'apporteront des solutions concrètes à la rupture de plus en plus visible entre système capitaliste et développement de la société.

En effet, nous croyons, et c'est notre troisième hypothèse, que la solution est plutôt à chercher du côté de formes politiques, économiques et sociales qui restent à inventer. Ce qui est devant nous ne peut ni être un retour au passé ni la simple amélioration du présent mais l'exploration de territoires encore vierges. Ce nouveau monde devra nous faire basculer d'un système aujourd'hui fondé sur la croissance et la rentabilité à un système porteur de développement et de progrès.

C'est là qu'entre en scène notre quatrième et dernière hypothèse. Nous sommes convaincus que c'est ce basculement qui offrira aux entreprises qui sauront s'en saisir à la fois la meilleure chance de survie et les plus belles opportunités de développement. C'est pour cette raison que nous engageons les femmes et les hommes qui font ces entreprises, et en premier lieu leurs dirigeants, à changer de voie stratégique et organisationnelle. Pour ce faire, ils devront en premier lieu se départir des « solutions mirages » que le monde ancien leur présente pour survivre quelques années encore, entre quête du bonheur et relais de croissance portés par les nouvelles technologies. Alors seulement, ils pourront ouvrir les débats essentiels qui doivent asseoir, selon nous, la stratégie et l'organisation des entreprises du futur :

- comment la décélération, la croissance sélective et la quête de progrès constituent-elles la grande opportunité de développement de demain ?

- comment la révolution digitale doit-elle inciter à « acheter mieux » et pas à « acheter plus » ?

- comment la marque peut-elle représenter un étendard de ralliement porteur d'engagement social et environnemental réel et sincère en abandonnant toute tentation du *green* ou du *social washing* ?

- comment revoir en profondeur le pacte entrepreneurial qui lie l'entreprise avec ses salariés, ses clients et les citoyens en général : juste rémunération, juste valeur et juste contribution au développement de la société ?

- comment redonner un ancrage territorial à l'action de l'entreprise ?

- comment casser l'idée qu'une entreprise est nécessairement pyramidale et ordonnée, que tout y est processé, quantifié et réglementé ?

- pourquoi, enfin, les entreprises ont-elles plus que jamais besoin de dirigeants visionnaires et non de gestionnaires qui dirigent leur boîte avec des camemberts et des milliers de tableaux de chiffres qui cachent trop souvent l'absence de stratégie de long terme ?

Certains diront que ces changements s'opèrent déjà. C'est tant mieux, mais notre expérience et notre connaissance de l'arrière-boutique d'un grand nombre d'entreprises nous disait que le chemin est encore long. Nous ne voulons pas être des donneurs de leçons, nous sommes une partie du système et nous n'avons jamais souhaité nous mettre en position de surplomb par rapport aux femmes et aux hommes qui s'engagent chaque jour dans les entreprises. Nous voulons uniquement participer avec d'autres, le plus grand nombre possible, à l'invention de nouvelles façons d'entreprendre pour partir ensemble à la découverte d'une *terra incognita* économique et sociale. Cette aventure est à la portée de tous, il est grand temps de s'y engager.

remerciements

Nous tenons à remercier tout particulièrement Raïssa Charmois pour ses travaux de recherche et son aide déterminante,

de même que Sylvie Fenczak pour ses conseils avisés, Noémie Gygax pour son talent créatif, Marion de Bellabre pour son engagement à nos côtés, Clément Dirié pour son regard bienveillant, Florence Lécuyer, Virginie Maubourguet, Mathilde Jouret, Henri Julien, Silvana Bergonzi et Victoire Le Mat pour leur enthousiasme,

et, bien évidemment, Patricia Barbizet pour sa confiance.

Nous remercions enfin, toutes celles et ceux que nous avons rencontrés, accompagnés, conseillés et qui ont nourri le contenu de cet ouvrage.

bibliographie sélective d'ouvrages recommandés par les auteurs

essais contemporains

- Giorgio Agamben, *Qu'est-ce qu'un dispositif ?*, Payot & Rivages, Paris, 2007.
- Facundo Alvaredo, Lucas Chancel, Thomas Piketty, Emmanuel Saez, Gabriel Zucman (éd.), *Rapport sur les inégalités mondiales*, Le Seuil, Paris, 2018.
- Patrick Artus et Marie-Paule Virard, *Et si les salariés se révoltaient ?* Fayard, Paris, 2018.
- Nicole Aubert, *Le Culte de l'urgence. La société malade du temps*, Flammarion, Paris, 2003.
- Clément Berardi, Julien Eymeri, Philippe Wattier (éd.), *Les Dirigeants peuvent-ils faire l'économie du partage ?*, ouvrage collectif du Cercle du leadership édité en collaboration avec Quartier Libre, Quartier Libre Éditions, Paris, 2015.
- Isabelle Berrebi-Hoffmann, Marie-Christine Bureau et Michel Lallement, *Makers. Enquête sur les laboratoires du changement social*, Le Seuil, Paris, 2018.
- Gérard Berry, *L'Hyperpuissance de l'informatique*, Odile Jacob, Paris, 2017.
- Luc Boltanski et Ève Chiapello, *Le Nouvel Esprit du capitalisme*, Gallimard, Paris, 1999.
- Nicolas Bouzou et Julia de Funès, *La Comédie (in)humaine. Pourquoi les entreprises font fuir les meilleurs*, Éditions de l'Observatoire, Paris, 2018.
- Antonio A. Casilli, *En attendant les robots*, Le Seuil, Paris, 2018.
- Jean-Laurent Cassely, *La Révolte des premiers de la classe. Métiers à la con, quête de sens et reconversions urbaines*, Arkhê, Paris, 2017.
- Jean-Laurent Cassely, *No Fake, Contre-histoire de notre quête d'authenticité*, Arkhê, Paris, 2019.
- Carl Cedeström et André Spicer, *Le Syndrome du bien-être*, Éditions L'Échappée, Paris, 2016.
- Pascal Chabot, *Exister, c'est résister. Ce qui dépend de nous*, PUF, Paris, 2017.
- Pascal Chabot, *Global burn-out*, PUF, Paris, 2013.
- Yves Citton, *L'Économie de l'attention. Nouvel horizon du capitalisme ?*, La Découverte, Paris, 2014.
- Daniel Cohen, *Il faut dire que les temps ont changé. Chronique (fiévreuse) d'une mutation qui inquiète*, Albin Michel, Paris, 2018.
- Nicolas Colin et Henri Verdier, *L'Âge de la multitude*, Armand Colin, Paris, 2012.
- Jonathan Crary, *24/7. Le Capitalisme à l'assaut du sommeil*, La Découverte, Paris, 2014.
- Matthew B. Crawford, *Contact. Pourquoi nous avons perdu le monde et comment le retrouver*, La Découverte, Paris, 2016.
- Pascal Demurger, *L'entreprise du xxie siècle sera politique ou ne sera plus*, Éditions de l'Aube, 2019.
- Alain Deneault, *Le Totalitarisme pervers d'une multinationale au pouvoir. Aux origines de la médiocratie*, Rue de l'Échiquier, Paris, 2017.
- Cyril Dion, *Petit Manuel de résistance contemporaine*, Actes Sud, 2018.
- Alain Ehrenberg, *L'Individu incertain*, Calmann-Lévy, Paris, 1995.
- Alain Ehrenberg, *La Fatigue d'être soi : dépression et société*, Odile Jacob, Paris, 1998.
- Alain Ehrenberg, *Le Culte de la performance*, Calmann-Lévy, Paris, 1991.
- Pierre-Yves Gomez, *Le Travail invisible : enquête sur une disparition*, François Bourin Éditeur, Paris, 2013.
- David Graeber, *Bullshit Jobs*, Les Liens qui libèrent, Paris, 2018.
- Stéphane Hessel, *Indignez-vous !*, Indigène Éditions, 2010.
- Eva Illouz et Edgar Cabanas, *Happycratie. Comment l'industrie du bonheur a pris le contrôle de nos vies*, Premier Parallèle, Paris, 2018.
- Daniel Innerarity, *Le Futur et ses ennemis. De la confiscation de l'avenir à l'espérance politique*, Flammarion, Paris, 2008.

- Paul Jorion, *Se débarrasser du capitalisme est une question de survie*, Fayard, Paris, 2017.
- Étienne Klein, *Le Monde selon Étienne Klein*, Éditions des Équateurs, Paris, 2014.
- Gaspard Koenig, *Le Révolutionnaire, l'expert et le* geek, Plon, Paris, 2015.
- Alain Laurent, *L'Autre Individualisme. Une anthologie*, Les Belles Lettres, Paris, 2016.
- Kevin Levillain, *Les Entreprises à mission. Un modèle de gouvernance pour l'innovation*, Vuibert, Paris 2017.
- Dominique Méda, *Vers une société post-croissance*, Éditions de l'Aube, Paris, 2017.
- Nicolas Menet et Benjamin Zimmer, *Start-up, arrêtons la mascarade. Contribuer vraiment à l'économie de demain*, Dunod, Paris, 2018.
- Guillaume Pitron, *La Guerre des métaux rares : la face cachée de la transition énergétique et numérique*, Les Liens qui libèrent, Paris, 2018.
- Marc Prieto et Assen Slim, *Consommer moins pour vivre mieux. Idées reçues sur la décroissance*, Éditions Le Cavalier bleu, Paris, 2019
- Mathilde Ramadier, *Bienvenue dans le nouveau monde. Comment j'ai survécu à la coolitude des start-ups*, Premier Parallèle, Paris, 2017.
- Olivier Rey, *Une question de taille*, Stock, Paris, 2014.
- Jeremy Rifkin, *La Nouvelle Société du coût marginal zéro. L'Internet des objets, l'émergence des communaux collaboratifs et l'éclipse du capitalisme*, Les Liens qui libèrent, Paris, 2014.
- Hartmut Rosa, *Accélération. Une critique sociale du temps*, La Découverte, Paris, 2010.
- Hartmut Rosa, *Résonance*, La Découverte, Paris, 2018.
- Charles-Antoine Schwerer, *Partage. Le nouveau stade du capitalisme*, Le Bord de l'eau, Lormont, 2017.
- Roger Sue, *La Contre-Société*, Les Liens qui libèrent, Paris, 2016.

articles et divers

- Rapport « La face cachée du numérique » édité par l'Agence de l'environnement et de la maîtrise de l'énergie (Ademe), décembre 2017.
- « Le Collaboratif, nouvel horizon utopique ? », étude du Centre de recherche pour l'étude et l'observation des conditions de vie (Crédoc), publiée en avril 2018.
- « Pour une sobriété numérique », Étude du Shift Project, 4 octobre 2018.
- « Repenser les lieux de travail. Le lieu de travail dans tous ses états ! », Étude de l'Association des directeurs immobiliers (ADI), Éditions du Moniteur, Paris, 2017.
- *Word Business Review. Petit lexique illustré du monde des affaires*, édité par Quartier Libre, téléchargeable en ligne : http://www.choisirquartierlibre.com/wp-content/uploads/2015/07/QL-WordBusinessReview-WEB.pdf
- Julien Eymeri, « New old cities vs old new cities : la ville de quel futur ? », *Stream 03 – Habiter l'Anthropocène*, ouvrage collectif, PCA Éditions, Paris, 2014.
- Pierre-Yves Gomez, « Les grandes entreprises sont-elles (encore) françaises ? », étude de l'Institut français de gouvernement des entreprises, in *Preuves à l'appui*, n° 6, mars 2018.
- Pierre-Yves Gomez, « Partage des profits : "Sortir du carcan de la financiarisation n'est pas simple" », *Le Monde*, 26 mai 2018.
- Alexandre Lacroix et Amandine Le Goff, « La morale est-elle soluble dans l'entreprise ? », *Philosophie Magazine*, février 2014.
- Zaki Laïdi, « La mondialisation est aussi un imaginaire », *Revue Projet*, n° 287, 2005.
- Katarzyna Szymielewicz, « Your digital identity has three layers, and you can only protect one of them », *Quartz*, 25 janvier 2019.
- Gilles Vernet, « Le vrai enjeu est de savoir si la technologie nous rend dépendants à l'immédiateté », *Good Planet Info*, 15 avril 2016.
- Gilles Vernet, *Tout s'accélère*, documentaire sorti en 2016.
- Cédric Villani, « Donner un sens à l'intelligence artificielle », rapport de mission confiée par le Premier ministre Édouard Philippe, publié en mars 2018.

les auteurs

Clément Berardi

Cofondateur de Quartier Libre, Clément Berardi a mené depuis plus de vingt ans de nombreuses transformations stratégiques et organisationnelles au sein de grands groupes, en France et à l'étranger, notamment sur des questions de stratégie à long terme et d'innovation, dans les secteurs du luxe, de l'agroalimentaire et de la mobilité. Il milite pour repenser en profondeur la place de l'entreprise dans la société.

Julien Eymeri

Cofondateur de Quartier Libre, Julien Eymeri a sillonné la planète pour accompagner de nombreux groupes dans leurs transformations culturelles et organisationnelles. Passionné par les enjeux urbains, il aide ses clients à imaginer leurs futurs lieux de travail. Il a été à l'initiative de la première résidence d'artistes en entreprise et poursuit son engagement en faveur d'une meilleure relation des femmes et des hommes à l'entreprise.

Francis Rousseau

Cofondateur de Quartier Libre, Francis Rousseau utilise près de quarante ans d'expérience auprès des dirigeants (cofondateur d'Eurogroup qu'il a présidé jusqu'en 2012 et président du réseau international Nextcontinent) pour les alerter sur la nécessaire remise en cause des modèles de pensée stratégique à l'aune des ruptures sociales, économiques et politiques actuelles.

Cet ouvrage a été mis en pages par

<pixellence>

CET OUVRAGE
A ÉTÉ ACHEVÉ D'IMPRIMER
SUR ROTO-PAGE
PAR L'IMPRIMERIE FLOCH
À MAYENNE EN JANVIER 2020

N° d'édition : L.01EPMN001152.N001. N° d'impression : 95660
Dépôt légal : février 2020
Imprimé en France